サステナブル ソフトウェア時代

IT産業のニュースタンダードになるもの

株式会社ラキール 代表取締役社長
久保 努

クロスメディア・パブリッシング

はじめに

２０２５年の崖――。

日本の大企業の多くが抱える「レガシーシステム」により、大規模な経済損失やデジタル化の遅れが発生するというシナリオを、経済産業省は「崖」に例えて表現しました。

もはや世界のあらゆる産業において、デジタル技術の活用は重要な課題の一つです。日本では大企業がいち早く基幹システム（ＥＲＰ）の導入に着手し、１９９０年代から業務に取り入れてきました。

ただ、そこからデジタル技術は著しい進化を遂げ、当時最先端だったシステムも今では陳腐化し、レガシーシステムと呼ばれるようになりました。

このようなシステムは、30年経った今でも、依然として多くの大企業において日々の業務を支える基盤として稼働しています。

はじめに

経済産業省の「ＤＸレポート」によれば、レガシーシステムを維持し続けるばかりだと、次のような問題が生じると指摘されています。

- システムの保守や運用にかかるコストの増大
- 最新の技術やデジタルプラットフォームとの互換性の欠如
- セキュリティリスクの増大
- ビジネスの変化への迅速な対応力の欠如

これらの問題が積み重なり、２０２５年以降には年間で最大12兆円にも及ぶ経済損失が発生する可能性がある——それが政府の結論であり、日本企業はついに崖に到達してしまったことになります。

今、この崖の存在をもっとも感じているのは、経営陣や情報システム部門のエンジニアたちかもしれません。

- 数年に一度のペースで発生するシステムの刷新に膨大なコストと時間を費やして

いる

・新たなシステムをリリースしても、時間の経過や新技術の登場ですぐに陳腐化し、負債となってしまう

・改修が繰り返された既存システムは複雑化し、誰にも把握できない状態になっている

このような悩みを抱える人も多いと思います。

実際に私も、システム開発の現場で何度もこうした声を聞いてきました。

私は大学卒業後、１９８８年にシステムエンジニアとして社会に出て以来、システム開発の前線に身を置き、プロジェクトマネジャーとして数多くの基幹システム開発に関わってきました。

さまざまなシステムの栄枯盛衰を体験してきたのですが、いつしか肌で感じるようになったのが、日本企業のシステムが抱える課題です。

非常に多くの時間とコストを投じて開発したのに、完成した途端に陳腐化が始まり、

また新たなシステムを開発し……そんな負のサイクルに陥る大企業が増えてきたのです。

日本経済を支える企業の停滞は、すなわち国の停滞を意味します。負のサイクルを打ち破り、世界を変えるようなオリジナル製品を、なんとか開発できないか、私はずっと模索してきました。

現在、代表を務める株式会社ラキールは2017年のMBOをきっかけに、事業の方向を自社製品サービスの提供に大きく舵を切りました。

自らが構想し、独自に磨き上げてきたアイデアによって、企業の既存システムが陥っている負のサイクルを断ち切り、IT技術を武器に世界で戦う日本企業を1社でも増やしたい。

ラキールの自社製品を立ち上げた背景には、そんな思いがあります。

2025年の崖と、日本企業のシステムが抱える課題……。

これらを抜本的に解決する一条の光こそが、本書で掲げる「サステナブルソフトウェア」という発想であると、私は考えています。

サステナブルソフトウェアとは、「陳腐化せず、いつまでも使い続けられるソフトウェア」を意味する造語です。

このサステナブルソフトウェアという設計思想のもとで開発を進めることで、これまでシステムに投資してきたコストを無駄にせず、ＩＴ投資効率の最大化が図れます。また、スピードと柔軟性を両立し、変化の激しいビジネスニーズに迅速に対応することもできます。

どのようにしてそれを実現するかは、本文中で詳しく述べていきますが、端的に表すなら「マイクロサービス技術を活用して、ソフトウェアを小規模な単位に〝部品化〟し、必要な部品同士を組み合わせてアプリケーションを構築する」ことです。

この発想自体は、実はかなり以前から存在していましたが、技術や環境のハードルがあまりにも高く、夢で終わってきました。しかし近年、クラウド環境をはじめさまざまな領域が進化したことで実現の可能性が出てきました。

思い返せば私自身も、20年前に、現在のマイクロサービスにつながるソフトウェア

はじめに

コンポーネントという概念と出合って以来、ずっとサステナブルソフトウェアを追い求め、あきらめずにチャレンジを続けてきました。

そして、ようやく時が満ちました。

そしておそらく世界でもラキールただ一社のみしか実用化できていない、新技術へとたどり着いたのです。

ラキールの技術を活用すれば、基幹システムであっても改修が必要な機能の部品を取り換えていくだけで最新の状態が保て、リプレイスという大掛かりな投資も不要です。さらに開発した部品は他のシステムでも再利用可能で、自社の資産ともなります。

これまで負債となっていたシステムが一転して資産に変わり、持続可能なＩＴ環境が生まれる――これこそが、サステナブルソフトウェアという言葉の由来であり、真骨頂といえます。

本書では、現在の日本企業のシステムおよびシステム産業が抱える構造的な問題について分析したうえで、その解決策となるサステナブルソフトウェアの詳細と実力を余すところなく述べていきます。
そしてまた、私たち株式会社ラキールの目指すシステム産業の未来に共感いただき、パートナーとしてＩＴ改革を進める企業の先進的な事例も紹介します。

さあ、共に行きましょう。
崖を超えたその先にある、新たな世界へ。

目次

第2章

ＩＴ負債を資産に変える、６つのヒント

第3章

部品化で実現するサステナブルソフトウェア

第4章

部品化×AIで実現 〝超効率化〟された開発がもたらす世界

第5章 LaKeel DX導入企業のイノベーション

第6章 2030年、求められるのは“ソフトウェア部品産業”

【制作スタッフ】
カバー・本文デザイン　佐々木博則（s.s.TREE）
本文DTP　吉野章（bird location）
編集協力　仲山洋平、國天俊治

第1章

日本企業のシステムが抱える構造的ジレンマ

ＩＴ関連予算の9割を食いつぶす、既存システム

経済産業省が２０１８年に発表した「ＤＸレポート」で登場した、２０２５年の崖。今まさにその時をむかえ、レポートで書かれていたことが現実となっています。

２０２５年の壁が指し示すもの——それはつまるところデジタル化の遅れであり、結果として起こる競争力の低下が最大のデメリットの一つといえます。

アメリカなど先進国の大企業は最新の技術を柔軟に取り入れ、ビジネスを展開しています。世界を舞台に戦う日本企業が同じ土俵に立つには、既存システムとの向き合い方を見直す必要があるでしょう。

日本の企業ではこれまで、ＩＴシステムに何億円も投資して完成させたものの、その自社システムが5年足らずで陳腐化し、また何億円もかけてリプレイスするといったサイクルに陥っているケースが数多くありました。

そのようなサイクルの中で生み出され、放置されてきたレガシーシステムの問題は、

今や「技術的負債」として顕在化し、さまざまな事業の成長を阻む壁となっています。技術的負債とは、課題の解決を先延ばしにすることで将来的に対処が必要となる技術的な問題を指します。

たとえば厳しい納期に間に合わせるためその場しのぎで開発を行ったり、設計が不十分であったり、新たな技術の登場によって陳腐化が進んだりするのが、技術的負債が発生する主な原因です。

技術的負債は、システム開発・運用の俊敏性を低下させ、ＩＴ部門全体の生産性低下をもたらします。

また、技術的負債への対応にばかりコストや労力をかけることにより、新しい取り組みであるＤＸ推進にリソースを割けなくなるのも問題です。

技術的負債を抱える既存システムの保守に工数をかけてしまい、ＤＸの推進が滞ると、データの収集や活用、市場変化に適合した新製品・サービス開発などで競合に後れをとり、企業の競争力低下を招く恐れがあります。

実際に既存システムの保守・運用にかかるコストはますます増加し、もはや予算の９割が現状維持に使われているという異常事態となっています。これでは新たなＩＴ

技術への投資もほとんどできず、成長戦略に著しい制限がかかりかねません。

技術的負債があると、レガシーシステムに対応できる技術者が限定されてしまう属人化や、誰もＩＴシステムの全容がわからなくなるブラックボックス化の原因にもなります。技術的負債を抱えたまま現行のプロジェクトが大きく成長すると、時間が経つほど変更・修正の規模が大きくなり、開発期間が長期化してコストも高まってしまいます。

ＩＴの知見のある経営者やシステムエンジニアは、こうした事態を重々、承知しているはずです。

それにもかかわらずなぜ、こうした技術的負債が放置されているのか。

多くの企業では、独自にカスタマイズしたシステムを長期間にわたって使用し、それが日常の業務プロセスとも深く結びついています。

それゆえに、より生産性の高いシステムが登場してもなかなか導入に踏み切れません。基幹システムを一気に変えることは、業務プロセス全般を見直すのと同義であり、何千人、何万人もの従業員を抱える会社がそれを成し遂げるには、膨大なコストと労力が必要だからです。

技術的負債を解消し、２０２５年の崖を超えるにはどうすればいいのか。経済産業省によれば、システムの「モダナイゼーション」と「デジタルプラットフォームの導入」が求められるといいます。

モダナイゼーションとは、レガシーシステムを段階的に新しい技術に移行し、効率的で柔軟性のあるシステムに刷新することです。特に、クラウド化やAPIの活用などが推奨されています。デジタルプラットフォームとは、ソフトウェアやシステムサービスの土台や基盤を意味します。例えば、システムを作る場合にはOS・ミドルウェア・ハードウェア、ネットワークなどがそれにあたります。デジタルプラットフォームを導入するメリットは、独自機能を持つシステムを自社で自由自在に構築することができるようになることです。また、複数のシステムに蓄積されたデータを統合し、効果的に活用できるデータ基盤も欠かせません。これにより、部門間でのデータ共有が容易になり、業務の効率化や新たなビジネスモデルの創出にもつながります。

こうしたシステム面での対応だけでなく、組織全体の文化や業務プロセスも見直す必要があります。DXを推進するためには、経営層から現場までが一体となり、デジタル技術の導入と業務改革に取り組むことが不可欠です。さらに、IT人材の育成や外部リソースの活用も重要なポイントといえます。

近年は多くの企業がＤＸに取り組み始めていますが、実際には対応が遅れている企業も少なくありません。

２０２０年時点の調査によれば、日本企業の約40％がＤＸの重要性を認識しつつも、具体的な計画を策定していないという結果が出ています。

そして、レガシーシステムのモダナイゼーションに取り組んでいる企業は全体のわずか10％にとどまり、２０２５年には構築から21年以上経過した基幹系システムの割合が60％を超えるともいわれます。

現在でも状況に大きな変化は見られず、対応の遅れがいよいよ深刻化していると感じます。

業務に合わせてシステムを作った日本企業の盲点

大企業が抱えるレガシーシステムの多くは、基本的にゼロからオリジナルのシステムを開発するスクラッチ開発で構築されています。

実はそれこそが、技術的負債の始まりとなるものです。

たとえばアメリカなどでは、市販のパッケージシステムを主軸にして業務を行い、それが古くなれば新たなパッケージを購入して、システムを一気に刷新します。そうして「業務を都度、システムに合わせる」というのが一般化し、現在も変わりません。

一方の日本では、「業務に合わせたシステムを作る」という考え方が基本でした。そうすると必然的に、パッケージシステムでは補えない独自の機能が数多く求められることになります。それなら、自社専用のシステムをゼロから開発したほうがいい。そんな経営判断によって、スクラッチ開発を選択する大企業がほとんどでした。

スクラッチ開発なら、確かにかゆいところに手が届くようなシステムが完成するかもしれませんが、その一方で開発には相応の時間とコストがかかります。

開発に3年を要し、15億円のコストをかけ、こだわりぬいた基幹システムを作り上げたとします。減価償却を考えるなら、せめて10年以上は使いたいところです。しかしシステムの世界は技術の消費期限が早く、過去の常識を塗り替えるような技術が次々と誕生しています。それらを取り入れねば、技術の進歩についていけません。

仮に基幹システムにパッケージを採用しているなら、初期コストもスクラッチ開発ほど大きくはかかりません。アップデートも頻繁に行われますし、数年使ったら新たなシステムに刷新するというアメリカ式のやり方で、十分元が取れます。

しかしスクラッチ開発したこだわりの基幹システムの場合、そう簡単に捨てるわけにはいきません。システムと調和している現行業務も、できる限り変えたくありません。

ですから基幹システムには基本的に手を付けず、新たな機能の部分だけを追加で開発したり、システムの一部のみを更新したりと、いわばつぎはぎをするように機能性を拡張していくという対症療法的なやり方が主流となってきました。

これを長い間続けてきた結果、技術的負債という形で表面化しつつあるのが、現在地です。

長年にわたるシステムの改修と拡張は、複雑化を引き起こします。新しい機能を追加するたびに、既存のコードやデータ構造が変更され、全体の整合性が徐々に崩れていきます。システムの保守や運用がますます困難となり、新たな変更やアップグレードを施すたびに、予期しない障害やトラブルが発生するリスクが高まります。

近年は、新たなパッケージを導入してレガシーシステムと共生させるという選択をする企業も多くありますが、その際もあくまで既存システムをベースに据え、それに合わせて動くようパッケージをカスタマイズするケースが目立ちます。

パッケージは基本的にバージョンアップを繰り返しながら進歩していくものですが、独自にカスタマイズした機能はそうはいかず、何もしなければそのまま取り残されます。

本来なら自社の強みともなる独自機能こそ、頻繁にアップデートをして磨いていくべきですが、それもままならず、いずれメンテナンスすら難しくなっていきます。この独自機能もまた、レガシー化しやすい部分です。

このように既存システムの存続にこだわり、対症療法を繰り返すだけでは、システムはいつか限界をむかえます。

そこで既存システムの全面的な刷新という決断を下したとしても、以前と同じようにスクラッチ開発を選択すれば、再び膨大な時間とコストがかかり、しかも行き着く先は同じです。

こうしたサイクルは、レガシーシステムを抱える日本企業の負の呪縛といえ、ＤＸ

大手企業によくあるシステムの構造

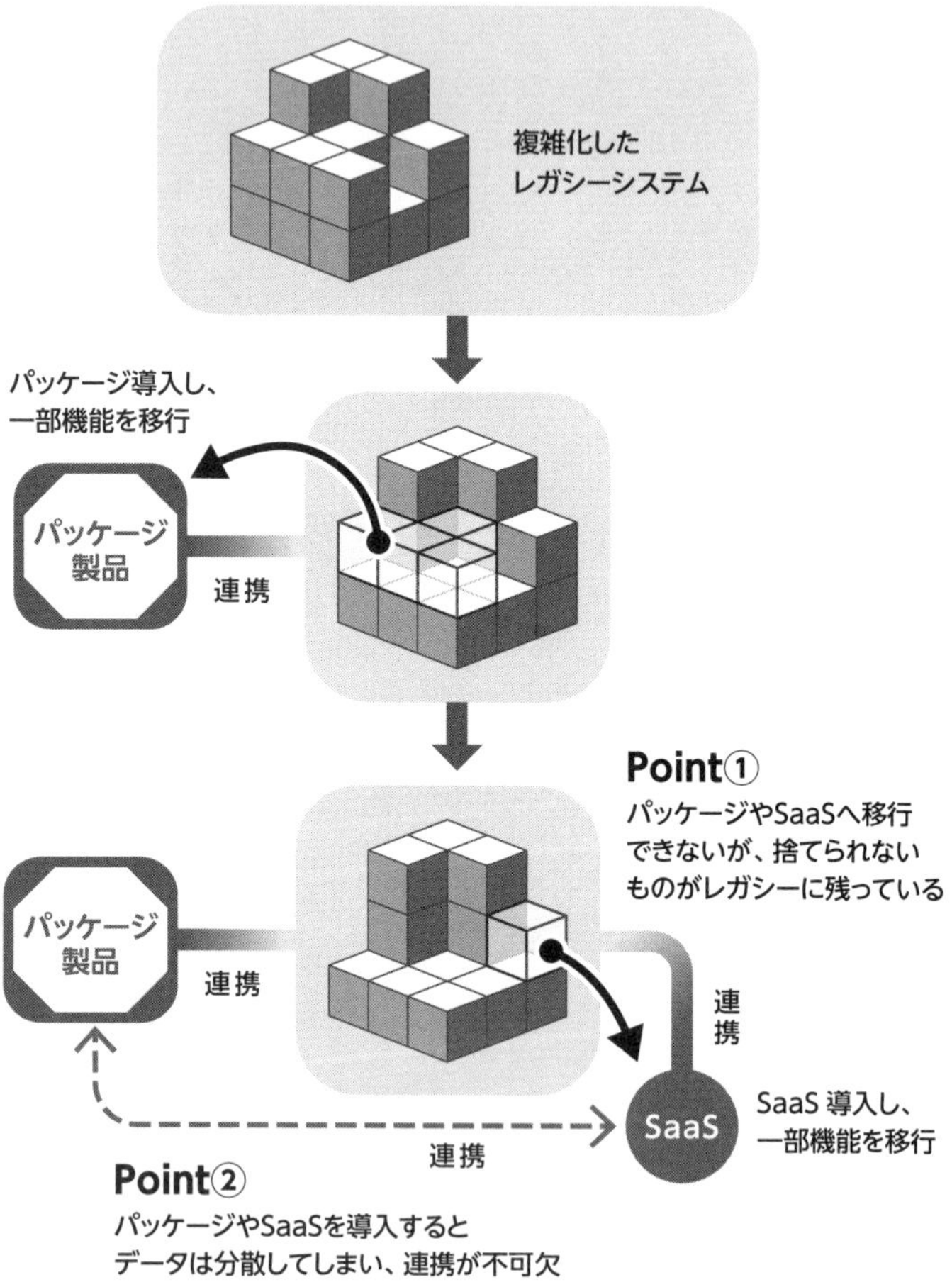

の推進にも大きな障壁となるものです。

トラブルが多い、企業のシステム開発

経済産業省のレポートによれば、２０１８年の時点で約８割の企業がレガシーシステムを抱え、また７割の企業ではそれがＤＸの足かせになっていると感じているといいます。

このような特性を持つ企業のシステムでは、新たな開発にあたってもトラブルが起きやすくなります。

複雑化したレガシーシステムと新たなシステムを連携し、新技術を取り入れて機能を拡張するのは、そう簡単ではありません。

特に大規模なプロジェクトや高度なシステムの追加構築の際には、計画通りに進むのは稀で、予期せぬ不具合が頻発したり、納期や予算が大幅に超過したりといった問題がよく発生してきました。

レガシーシステムの存在以外にも、システム開発がうまく進まない理由と考えられることはいくつかあります。

日本の企業は、組織間に壁があることが多く、経営層と現場、マーケティング部門とＩＴ部門などでコミュニケーションが不足しているケースがよく見られます。この壁のせいで、要件定義から業務プロセスやニーズが十分に共有されず、開発がある程度進んだ段階で「こんなシステムを求めていたわけではない」といった意見の相違が生まれるなど、トラブルが起きます。

また、システムを使う企業と、それを実際に作る開発会社の間でも、コミュニケーションが不足しがちです。日本のシステム開発は、大手システム開発会社が受注した案件をいくつかの中堅会社に振り、その中堅会社がさらに小さな会社に開発を依頼し……という、いわゆる多重下請け構造のもとで行われてきました。その中にあって、顧客と実際に話し、要望を聞くのは大手システム開発会社ですが、その詳細な内容が実際に開発を担う会社まで下りてくることはほとんどなく、「この機能がなぜ必要か」が設計書を通じてしか想定できないケースもよくあります。そうしてクライアントの背景やニーズをはっきり掴めぬまま、「おそらくこうだろう」という見立てでシステム開発を進めていけば、当然ながら出来上がるシステムもクライアントの想定とは違ったものになりがちです。

こうした組織の壁や多重下請け構造に起因するコミュニケーション不足こそが、システム開発がうまく進まぬ最たる理由の一つです。

また、新たな技術や開発手法の導入に慎重な姿勢を示し、あくまで従来の手法にこだわり変化を好まない風土を持つ企業も多く存在します。そういった企業では最新の技術や手法が承認されるまでに時間がかかってしまい、開発が停滞し、納期が遅れることもあります。

システム開発でトラブルが多発すれば、企業の経営にも大きな影響が出ます。開発期間の延長は追加コストにつながりますし、長期にわたり社内のリソースがトラブル対応に偏れば、そのしわ寄せは他のプロジェクトにも及びます。

納期の遅れはビジネスチャンスの損失にもつながり、企業としての競争力を低下させる要因ともなります。企業内外のステークホルダーからの信頼も揺らぎ、ブランドイメージにも傷がつきかねません。

システム開発におけるトラブルをできる限り減らすには、システムの在り方や開発

レガシーシステムが存在することによるリスク・課題

約8割の企業がレガシーシステムを抱えている

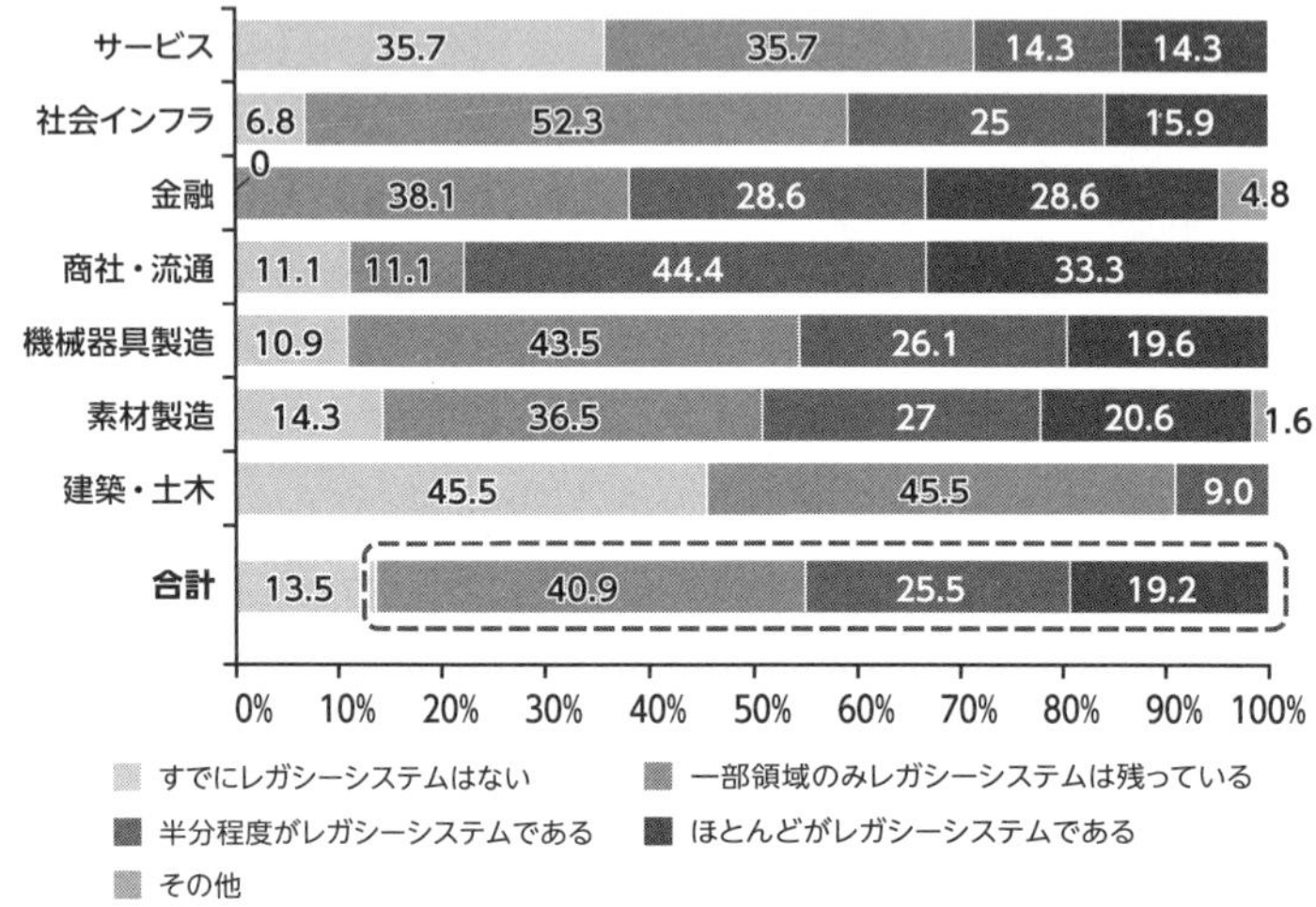

約7割の企業が、レガシーシステムがDXの足かせと感じている

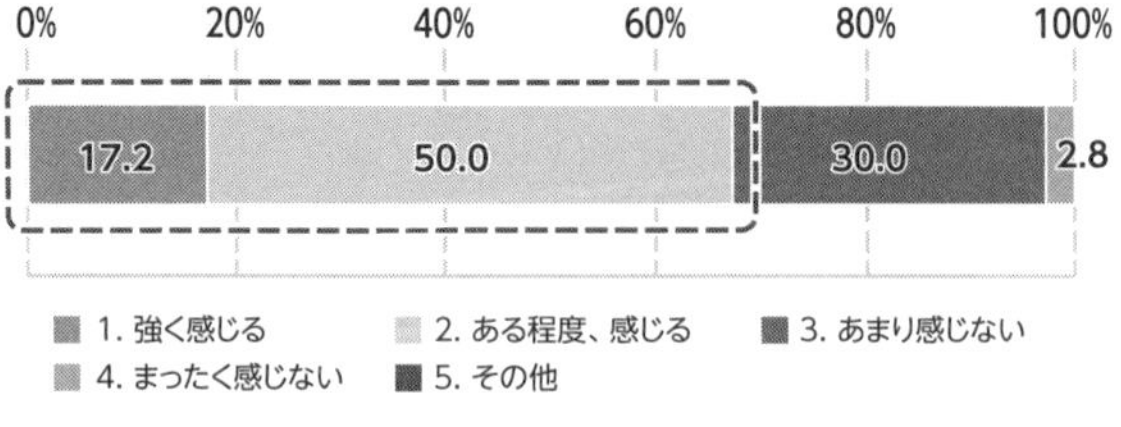

出典：DXレポート（経済産業省）

手法から根本的に見直す必要があるのではないかと、私は考えています。

新規システム開発の壁となる「ブラックボックス化」

新しい機能の追加やシステムの改修を行う際の障壁となるのが、度重なる拡張を行ってきた既存システムの中で、ブラックボックス化している部分があることです。何十年も前に開発されたレガシーシステムは、使われている技術やアーキテクチャが、現在のシステムとまったく違います。

バッチ処理一つをとっても、以前はメインコンピューターで大量のデータをさばくのに適したコンピューター言語を使ってプログラムを動かしていました。しかし現在は、クラウド技術を活用するのに適した言語によってプログラムを動かすのが一般的です。仮にレガシーシステムをクラウド上で動かそうとするなら、言語をそれに合ったものに置き換えねばなりません。それが可能な場合もありますが、たとえば古くから使われているCOBOLという言語をJAVAに置き換えようとすると、それまで

３０００ステップで済んでいた処理が一気に数倍に膨れ上がり、処理速度がかなり遅くなります。

このようなクラウドに適した言語への置き換えを実施し、実用に耐えうるようにするには膨大なコストと時間がかかるため、レガシーシステムに大幅に手を入れようとする企業はほぼないのです。

そこで既存システムはそのまま使い続けながら、時代に合わせて新たなシステムを導入するという対症療法が行われることになります。

先ほどの例でいうなら、既存システムは依然としてＣＯＢＯＬで動き続けるわけですが、すでに誕生から70年近く経つＣＯＢＯＬを書けるプログラマーの数は減ってきており、メンテナンスができるような人材の多くはすでに退職しているはずです。

企業内のシステム部門や担当者も次々と交代する中で、システムの内部構造や設計思想はいつしか曖昧となり、なんとか引き継がれてきた断片的な知識で運用を行うしかありません。改修にあたっても、すでにブラックボックス化している部分には手を付けることができませんから、大きな変更を加えるのは難しくなります。

この構図は、システムの開発から運用まで一貫して外部ベンダーに任せてきた企業にも当てはまるものです。

システムの内部構造や設計思想について外部ベンダーや企業の一部の社員のみしか理解していない状態では、当然ながらシステムをどのように改修すればよいかがわかりませんから、引き続き外部ベンダーに発注することになります。しかし、外部ベンダーにおいても古いシステムについて知る人間はどんどん減っています。いずれ保守ができなくなる日が必ずやってくるのです。

それもまた、レガシーシステムの運用における大きな課題の一つです。

外部との関係という観点からいうと、企業の多くは外部のベンダーや情報システム系子会社に、システムの運用や保守を任せていると思います。「餅は餅屋」の格言通り、専門家に任せること自体は間違いではありませんが、結果として社内にＩＴ技術者がほとんどいなくなってしまうと、問題が起きる可能性があります。

バブル崩壊やリーマンショックといった過去の不況においては、厳しい経営環境を生き残るため、当時は非中核的な部門とみなされていた情報システム部門のリソースを縮小し、アウトソーシングを加速する動きがありました。

この過程で、情報システム部門が果たす役割もまた変化していきます。社内業務の効率化やデジタル戦略の推進を担う部署から、外部ベンダーが提供するソリューションの調整や監督を行う管理者としての業務を行う部署となったのです。

管理者の役割を担うのに、システムをゼロから作るほどの技術も知識も必要ありません。結果としてIT技術者の能力も役割も低下しているというのが現状でしょう。

情報システム部門の開発力が落ちてくると、新たなシステム開発をアウトソーシングする際にも、技術的な議論がどうしても薄くなり、外部からの提案や判断に依存せざるを得なくなります。それもまた、発注側にとってのブラックボックスが増える要因といえます。

このような課題を踏まえ、一部のDX先進企業はすでにシステムの内製化に舵を切っていますが、そのハードルはなかなか高いようです。

不足するＩＴ人材と、限界をむかえる労働集約型のビジネスモデル

システム開発の内製化の壁となり、ＤＸの推進にも影響を与える最大の課題……それはＩＴ人材の不足です。

アウトソーシングから内製化へと切り替えるには、開発・改修業務を任せられる人材の確保が急務ですが、すでにＩＴ人材の数は大きく不足しており、優秀な人材の獲得合戦が繰り広げられています。

経済産業省の試算によると、２０３０年にはＩＴ人材が最大で79万人不足するといいます。少子高齢化によりＩＴスキルを持つ若い人材の絶対数が減っている一方で、既存の技術者が次々に退職のタイミングをむかえているのが、その一因です。

次世代の育成という点でいっても、日本ではプログラミングやコンピューターサイエンスといった分野の教育が十分とはいえず、それもまた技術者不足に拍車をかけて

います。

また、日本のＩＴ業界では長時間労働が常態化している企業も未だに存在し、せっかく若い技術者が入っても、労働環境に耐えられず別の職種へと移っていくケースもあります。労働環境の改善は、人材不足となったＩＴ業界で真っ先に取り組むべきテーマです。

ＩＴ人材が確保できなければ、当然ながら内製化は進まず、今まで通りアウトソーシングに頼るしかありません。

さらにいうなら、運よく人材がある程度見つかったとしても、それだけで内製化が成功するとは限りません。一口にＩＴ人材といっても、その技術レベルはさまざまです。もし自社の技術者のレベルが外注先よりはるかに劣るなら、システムの品質が低下する恐れがあります。

ＤＸにおいても、最新の技術や革新的なソリューションを導入するなら、先進技術を扱える技術者の存在が不可欠です。しかし現実としてそんな人材の確保が難しいことも、既存システムに頼り続ける理由の一つかもしれません。

ＩＴ人材の不足による技術的な遅れは、特にグローバル市場で戦う企業にとっては致命的であり、競争力を失う大きな原因となりかねません。

企業だけではなく、ＩＴ業界にとっても人材不足は大きなリスク要因です。これまで日本のＩＴ企業は、大規模プロジェクトに大量の技術者を投入するような人海戦術をとり、主に人手に依存した労働集約型のビジネスを行ってきました。

しかしシステム開発やＩＴ技術の導入に対するニーズが高まり続ける中で、これまでのやり方はすでに限界をむかえつつあります。

世界に目を向ければ、すでにＡＩの活用などでシステム開発や運用の自動化が進んでいますが、日本では依然としてレガシーシステムが数多く残り、最新の技術を導入して自動化を図れる領域が限定されています。新たなシステムの開発依頼があっても未だ人手に頼らざるを得ない部分が多く、人手不足から限られた労働力でそれを補う必要があるため、労働環境が悪化しやすいという構造となっているのです。

今後もＩＴ人材不足の状況が続いていくのは間違いありません。

厳しい現状を打破するためには、人手だけに頼らない新たなシステム開発や内製化の方法を検討する必要があります。

ＤＸの本質を理解した先にある、大改革

世界中でＤＸが加速する中で、日本企業のＤＸは進展が遅れているという指摘もあります。

ここまででその背景にある要因をいくつか取り上げてきましたが、ＤＸに対する本質的な理解が進んでいないというのが、一番の要因かもしれません。

ＳａａＳプロバイダーである株式会社ドリーム・アーツが２０２１年に行った『大企業の管理職１０００名に聞いた〝ＤＸ／デジタル化〟に関する調査』というインターネット調査では、ＤＸに取り組んでいる企業は59％にのぼる一方で、ＤＸとデジタル化の違いについては74％が「説明できない」ことがわかっています。本来であればＤＸの旗振り役を担うべき経営メンバーの多くが、ＤＸについて未だ理解できていないのです。

大企業においても、ＤＸの推進がビジョンやスローガンだけにとどまり、ＩＴはあ

くまで補助的な業務支援ツールととらえている会社もあると感じます。

実際に経済産業省のＤＸレポートによれば、日本企業の多くが「ＤＸの必要性を感じているものの、実行には至っていない」といいます。また、独立行政法人情報処理推進機構が発行する『ＤＸ白書２０２３』には、ＩＴに見識がある役員の割合が、アメリカに比べて低いというデータが掲載されています。

すでに多くの企業では、ＤＸを進めなければ今後、厳しい状況になると理解しているはずですが、いかにしてそれを成し遂げるかという実行計画や具体的な戦略を描くには、ＤＸの本質を理解せねばならず、それが不十分であると、ビジョンやスローガンの作成から次の一歩が踏み出せなくなりかねません。

日本においては、「デジタル化」、つまり人の手作業や紙のデータをデジタルに置き換えていく作業で足踏みしている企業が多いように感じます。そうした場合、「デジタル化＝ＤＸ」と考えてしまいがちですが、それは誤りです。

ＤＸとは、単なる効率化や生産性の向上を目指すものではありません。

新たな技術、最新のシステムやＩＴツールを導入するプロジェクトでもありません。

ＤＸの本質は、ＩＴによって企業のビジネスモデルや業務プロセスを根本から変革するところにあります。

この変革は、業務フローから組織再編まであらゆる領域に及ぶもので、それをリードするのは経営層以外には考えられません。少なくともＤＸ推進室を立ち上げてそこに技術者を配属するだけでは、なかなか成し遂げられないはずです。

そして本気でＤＸを推進していくには、経営層がプロジェクトに積極的に参画し、リーダーシップを発揮する必要があります。

実際にＤＸの先頭を走る企業ではほぼ必ず経営層が関わり、プロジェクトを引っ張っています。その事例についても、第５章で紹介したいと思います。

経営層がＤＸの本質を深く理解し、自社の未来にとって必要なシステム改革はどんなものかを見出したなら、最終的にはそれが内製化や外部パートナー選定においての羅針盤となり、ＤＸは大きく前進するでしょう。

コラム

LaKeel DX開発秘話①

「はじめに」でも述べた通り、私は20年以上前に、サステナブルソフトウェアの原型となるアイデアと出会い、「部品化したソフトウェアを組み合わせて業務アプリケーションを作る」という研究を始めました。

当時は今のようなクラウド技術もＡＰＩもありません。実現はおよそ不可能とされ、まともに取り組む人は誰もいなかったと思います。

それでも私は自分の直感に身を委ねました。この技術が完成すれば、きっとＩＴ業界は大きく変わる。そう信じ、あきらめることなくコツコツと研究を積み上げてきました。

その成果がようやく表れ、結晶化したのが、株式会社ラキールが提供するアプリケーション開発運用基盤「LaKeel DX」です。

日本はもちろん世界でもおよそ類を見ず、ラキールただ一社のみしか実用化できていない新技術を作り上げられたのは、どこよりも早く本気で研究開発を進めてきたからに他なりません。

私のシステムエンジニア人生、経営者人生は、サステナブルソフトウェアという夢と共にありました。

そして思い返せば、ひとつでもボタンを掛け違えていたら、今の自分はなかったでしょう。

一介のシステムエンジニアであった私が、なぜ壮大な夢に挑戦し、どんな過程を経て現在へとたどり着いたのか——。LaKeel DX開発の背景となった物語に少々お付き合いください。

もともと私は、IT業界を志していたわけではありませんでした。

大学では、工学部で電子機械を専攻。今でいうロボット関連です。そこで制御系のプログラミングを学び、FORTRANやBASICといった言語を習得しました。

1988年に新卒で入社した株式会社エイ・エス・ティは、日本IBM、三菱商事、コスモ・エイティという3法人が合同で立ち上げた会社で、VAN（付加価値通信網）をはじめとする企業間通信ネットワークの実証実験などを手掛けていました。当時、ネットワーク技術はまだ新しい分野であり、私はそこに将来性を感じ、採用試験を受けました。

無事に採用されたのはよかったのですが、ちょうど私が入社するタイミングで、エイ・エス・ティィは収益予測が立ちづらいネットワーク関連から、ソフトウェア開発へと事業を大きくピボットしました。ネットワーク技術を学ぶつもりだった私は大いに当てが外れ、愕然としましたが、いきなり辞めるわけにもいきません。結果として私は、業務系システムのエンジニアとしてキャリアをスタートさせることになります。

主な業務は、メインフレームといわれる汎用コンピューターでのシステム開発でした。プログラマーからはじめて、次第にプロジェクトマネジャーを任せられるようになりました。

仕事は出資元である三菱商事、日本IBM経由で入ってきて、クライアントのほとんどは大企業です。物流、会計など基幹系の大きな案件を数多く担当しました。

中でも印象に残っているのは、三菱商事の人事システムをダウンサイジングする案件です。このプロジェクトは、インドでのオフショア開発により進められました。まだオフショア開発という言葉すらほとんど聞かれない時代でしたから、先鋭的な取り組みといえます。文化や価値観のまったく違うインドに1年半滞在し、プロジェクトをひとりで切り盛りしたのは、かなりハードな経験でしたが、グローバル市場でのビジネスの進め方を知ることができたのは、後の大きな財産となりました。

結局エイ・エス・ティには10年間勤め、システムエンジニアとしての基盤を作ることができました。

第2章

IT負債を資産に変える、6つのヒント

日本と海外のＩＴ投資の違い

前章でも述べた通り日本の大企業の多くでは、既存システムによる技術的負債が積み重なって、運用管理も限界を迎えつつあります。

そこから脱却するには、何が必要なのか。

細かな課題は企業により異なり、いきなりすべてを変えるのも難しいでしょうが、それでも多くの企業にとって役立つであろう「脱却のためのヒント」なら、長年ＩＴ業界に身を置いた立場からある程度、示すことができます。

まず知っておきたいのは、日本と海外とのＩＴ投資に対するスタンスの違いです。欧米ではＤＸが着々と進展しています。その在り方には、日本企業にとって参考になる部分があるはずです。

日本企業における基幹システムの開発は、基本的にはシステムの企画、開発、導入、運用まで一貫して手掛ける「ＳＩｅｒ（エスアイヤー）」が中心となって行われてきました。そして各社の業務に合わせて一からスクラッチ開発でシステムを構築するというやり方が主流でした。いわばアウトソーシングが基本であり、現在でも自社のＩＴ部門で基幹システムを開発するような大企業はほとんど見受けられません。

20年以上前にオーダーメイドで作ったシステムはすでにレガシー化していますが、それを使い続けざるを得ない状況となっているというのは、前述の通りです。そしてＩＴ関連予算の実に９割が、既存システムの運用・保守という「守りの投資」に費やされています。

しかし海外の先進国に目を向ければ、そのように守りの投資でＩＴを運用している企業は、私の知る限りありません。

アメリカを例にとると、確かにシステムが出始めたころにはＩＢＭなどのＳＩｅｒにすべてを任せていたかもしれませんが、ある程度普及してくると、システム開発の内製化を進める企業が多く出てきました。私の知るところでも、かなりの数の企業が優秀なＩＴ部門を抱え、自社のシステム開発を手掛けています。

また、アメリカでは基幹システムであっても、スクラッチ開発でゼロから作り上げるようなことはまずしません。

システムを刷新する際には、基本的な機能を備えたパッケージを導入し、それに合わせて業務を変えつつ、独自で必要な機能があれば自社で開発します。

この手法の大きなメリットといえるのが、新たな技術や製品が出た時にいち早くそれを取り入れ、使いこなせることです。一世代前のシステムは躊躇なく捨て、最新のシステムへと次々に乗り換えていく、いわばスピード重視の「攻めのＩＴ投資」がアメリカでは一般的です。

欧米ではトップダウンでどんどん意思決定を行っていきます。そうしてＣＩＯ（最高情報責任者）をはじめとする経営陣の力がとても強い反面、明確に成果を上げることが求められます。そのためＩＴへの投資を検討する際にも、効率化や平準化によるコストダウンには常に重きを置き、物事を判断していきます。「攻めのＩＴ投資」とは、ある意味でそうした合理性の追求に他なりません。

加えて、現在広く流通しているＥＲＰ（Ｅｎｔｅｒｐｒｉｓｅ Ｒｅｓｏｕｒｃｅｓ Ｐｌａｎｎｉｎｇ）の代表的なパッケージソフトは欧米製であり、もともと欧米の文化や仕組みに合わせて開発されたものですから、経営陣としても採用しやすいといえます。

また内製化も、スピードの向上に一役買っています。

アウトソーシングをしていると、新たな機能を一つ追加するにも外注先に相談し、見積もりをもらい、それなりの時間を取って開発しなければなりません。しかし自分たちでシステムの面倒を見ていれば、必要な機能の開発にすぐにでも着手できます。また、システムの構造を把握していますから、修正や保守もいち早く行うことができます。

パッケージを活用した攻めのＩＴ投資は、ビジネス環境が目まぐるしく変わる現代に適した手法であるといえます。

ただ、日本企業が同じことを実践しようとしても、以前は一筋縄ではいきませんでした。なぜなら基幹システムを束ねるＥＲＰのようなパッケージとして、国産の有力なシステムが過去には存在しなかったのです。

もし欧米流のやり方をするなら、海外製のＥＲＰの導入を検討するのが第一の選択肢でしたが、日本と海外では業務の区分や進め方に大きな差があり、海外製システムではフォローできない部分が数多く出てきます。そのすべてを、時間とコストをかけて開発するなら、スクラッチで開発するのと大きく変わりません。これもまた、レガシーシステムが残り続けてきた理由の一つでしょう。

２０１０年ごろから日本の国産ＥＲＰが登場し、さらに近年はクラウド型ＥＲＰに注目が集まっていますが、それを一つの機会ととらえてレガシーシステムの刷新に踏み切るような企業の数は、そこまで多くはありません。

このような現状を踏まえ、私が強調したいのは、海外の企業がスピード重視の投資を行っているという現実です。

守りの投資から、攻めの投資へ――。

日本の企業が世界と戦うためには、まずＩＴ投資に対するスタンスを再考しなければならないと感じます。なお、どうすれば攻めの投資へ転換できるかというアイデアは、次章で詳しく解説していきます。

「ＶＵＣＡの時代」に求められる、ＤＸの形

スピード重視で事業を展開していくことは、企業としての競争力を維持し、成長していくためにもはや欠かせない要素といえます。

２０１０年以降、ＩＴ技術の急速な進化や、ＡＩに代表される革新的な技術の広まりによって社会はどんどん移り変わっています。

その変貌が過去に類を見ないほど早く、近未来の予測すら難しくなっていることから、現代は「ＶＵＣＡの時代」とも呼ばれます。ちなみにＶＵＣＡとは「Ｖｏｌａｔｉｌｉｔｙ（変動性）」「Ｕｎｃｅｒｔａｉｎｔｙ（不確実性）」「Ｃｏｍｐｌｅｘｉｔｙ（複雑性）」「Ａｍｂｉｇｕｉｔｙ（曖昧性）」の頭文字を取ったものです。

環境だけでなく、人々のニーズやトレンドもまた目まぐるしく変化します。それをいち早く察知し、競合他社よりも早く製品やサービスに反映するには、ＩＴ技術の活用が不可欠です。

このような時代にあって、ビジネス環境もまた予測が困難な状況となっています。自社のビジネスを時代にフィットさせ続けるには、常にイノベーションを推進していかねばなりません。そしてその一翼を担うシステムもまた同様に変化させ続けねばならず、「システム開発の生産性」がスピードを大きく左右する要素になりつつあります。

システム開発の生産性は、構築されたシステムによって生み出された付加価値に対して、開発に要したコスト（主に人件費）がどれくらいの割合にのぼるかから算出されます。開発に時間がかかれば、それだけ人件費も積み上がり生産性は低下していきますし、その逆もしかりです。

システム開発の生産性を高めるには、優秀なＩＴ人材が必要となりますが、前述の通り人材はすでに不足しています。限られたリソースの中で生産性を追求する必要があり、より効率的な開発手段が求められます。

今後について、ＩＴ企業を例にとって述べると、すでに生成ＡＩによるＤＸの大波が業界に押し寄せてきています。これまではプログラマーの手で組んでいたプログラムを、ＡＩは自動で、しかも高い精度で作成します。

この流れはＩＴ企業外にも広がり、いずれは事業部門の社員が簡単にプログラムを組み、システムを作れる時代になるでしょう。システム開発の生産性という発想自体が、なくなるかもしれません。

そうなると、ＩＴ企業やシステムエンジニアに求められる役割が大きく変わるのは間違いありません。

こうした変化が、世界中でダイナミックに進行する現代は、まさに激動の時代です。

そこでデジタル化の段階からなかなか前に進めずにいる企業と、ＡＩを活用してＤＸ

を推進する企業のどちらが生き残る確率が高いかといえば、言うまでもないでしょう。

今、情報システム部門が担うべき4つの役割

ＤＸという大きな潮流の中にあってもう一度考え直さねばならないのが、情報システム部門の役割です。

企業の経営や業務の現場でＩＴ技術の活用が始まったのは１９６０年代で、そこから企業にとって情報システム部門は不可欠なものとなっていきます。

これまで、情報システム部門の役割は大きく3つありました。

まずは、構築した社内システムが安定的に稼働するよう適切な保守・運用を行うことです。社内からの要望を踏まえながら、システムの保守や修正などを必要に応じて実施していました。次に、社内インフラの整備や構築を通じたセキュリティ対策です。ウイルス感染やハッキングなどによるデータの消失、情報漏えいなどのインシデントを防ぐのは重要な役割です。そして最後が、ＩＴシステムや機器の操作に関する問い

合わせやトラブルへの対応など、ヘルプデスクとしての役割です。新たなツールや機器を導入する際のサポートのほか、社員のＩＴリテラシーを高めるための社内研修を主導することもあったでしょう。

このような役割は確かに必要ではありますが、いわば守りの施策といえます。ですから情報システム部門は、基本的に企業の売り上げ獲得に直接貢献しないコスト部門に位置付けられてきました。

そして不景気になれば、コスト削減の一環として情報システム部門が行うべき業務がアウトソーシングされ、結果的に外部ベンダーの調整や監督を行う管理者としての業務を行う部署となっていきます。

しかしＩＴ技術の活用によってＤＸを成し遂げ、それを企業利益へとつなげていくなら、その中心となる情報システム部門は、コスト部門から脱却する必要があります。実際に第５章で紹介するようなＤＸ先進企業では、すでにコスト部門からの脱却がなされています。

これからの情報システム部門に求められる役割は、次の３つです。

①専門家の視点から経営戦略の立案に関与

ＩＴの専門家として、自社の中長期的な経営戦略を踏まえ、利益を最大化しイノベーションを促進するような提案を行います。それがデジタルを通じた変革という本来的なＤＸの実現につながります。

②データの収集・分析・活用

ＩＴを駆使し、企業利益の最大化を図るべく、データの収集・分析・活用を行います。社内に点在しているあらゆるデータを集め、多角的な分析を行うことで、現状把握や未来予想を行います。また、市場の要求やニーズに素早く応えるには、事業部門の連携が欠かせません。現場から上がってくるデータを分析し、フィードバックすることで次のリアクションへとつなげたり、現場が求める情報をいち早く提供したりといった支援を行います。

③アジリティ（俊敏性）の確保

目まぐるしく変化する市場環境やビジネスニーズに、スピーディーかつ臨機応変に対応するためのアジリティの確保は、もっとも重要な役割の一つです。例えば、新しい事業プロジェクトを実行するにあたり、IT技術が必要になることも多いでしょう。その時にITの遅れによりプロジェクトが発進できないということが起きないよう、IT体制や仕組みを構築しておく必要があります。

こうして情報システム部門が、従来の役割ばかりにとらわれず事業成長に貢献する「攻めの部門」となることが、ITを負債から資産へと変え、DXを推進する切り札となるはずです。

「レガシーマイグレーション」でDXを推進

情報システム部門が求められる役割を果たす足かせとなる可能性が高いのが、レガシーシステムであり、その運用や保守にばかり人手を取られてしまえば情報システム部門は従来の役割という枠から出られず、コスト部門のままです。

レガシーとなった企業のシステムを、最新の性能を持った新たなシステムに移行・刷新することを、「レガシーマイグレーション」といいます。

レガシーマイグレーションを行えば、変化の激しいビジネス環境に柔軟に対応できるシステムを新たに構築でき、しかもこれまで莫大な費用を投じていた運用・保守コストもかなり削減されます。旧型のシステムでは対応できないセキュリティリスクも、最新のシステムなら最小化できるはずです。

レガシーマイグレーションには、主に3つの進め方があります。

①リホスト

ビジネスロジック（システム固有の処理）や使用しているプログラミング言語は変更せずに、システムのプラットフォームのみ変更する進め方です。同じ言語を使用すれば導入期間を短縮でき、移行コストも抑えられます。ただし現在利用しているレガシーシステムに問題がある場合、それを解消しないまま受け継いでしまうデメリットがあります。

②リライト

ビジネスロジック（システム固有の処理）は変更せず、使用しているプログラミング言語とプラットフォームを変える進め方です。使用する言語の変更により、リホストと比べ導入期間が長くかかりますが、プログラムの非互換性を解消でき、新規ＯＳの活用や情報セキュリティの強化、システムの効率化など、新技術の恩恵を受けることができます。ただし、リホストと同様にレガシーシステムのロジックが継続されるため、問題も引き継ぐデメリットがあります。比較的短期間での導入を目指しつつ、既存の言語を変更して新技術の恩恵を受けようとする際の選択肢です。

③リビルド

レガシーシステムの設計・プログラム・基盤を廃棄し、全面的に再構築する進め方です。リライトやリホストに比べコストや導入期間がかかるものの、ビジネスロジックから再設計するため、レガシーシステムの問題をすべて解消できます。ＤＸ推進に向けた拡張性や柔軟性のあるシステムを実現するうえで適切な進め方だといえますが、やり方によっては膨大なコストと時間を要します。

ＤＸにより組織を真にあるべき姿へと改革するなら、レガシーシステムは潔く捨ててリビルドし、それまでに蓄積されたデータを新たなシステムへと移行して、情報システム部門がビジネスに生かせるような環境を整えねばなりません。

ただし、この「データ移行」もまた曲者であり、レガシーシステムからの脱却を阻む壁となっています。

システム刷新の壁となる、データ移行

既存システムにあるデータは通常、外部システムと連携しながら動いています。移行するには、ターゲットとなるシステムの運用をほぼ停止させ、まとめて抽出して新たな場所に格納しなければなりません。

しかしレガシー化したシステムについて、そもそもその仕様や開発言語を理解している人が社内にほとんどいない状況なら、システム自体がブラックボックスとなり、

データの移行漏れや移行不可能な部分が生じるリスクがあります。移行作業も通常よりはるかに時間を要し、システムが利用できない時間が長くなりますから、その影響は広範囲に及ぶでしょう。

仮に既存システムの仕様が明確であったとしても、大企業が保有するデータは膨大なので、その移行には相当の時間がかかります。移行準備が整ってから、すべてのデータを移行するまで1週間以上かかるのも珍しくありません。システムの利用がない大型連休などを利用して移行を実行する企業もありますが、業種によってはその時間を作るのが難しく、それもシステム移行の障壁となり得ます。

時間に加えて、多くの人的コストもかかります。

データ移行には、新旧システム間のデータ項目の紐付け設計や、データ移行プログラムの開発、さらには移行後のデータに不具合がないか入念に確認をする作業などが発生します。これらは基本的には手作業で行わねばならず、多くの人手が必要です。そしてこの工程でデータに不具合や不備があると、プログラムの修正や、設計の見直しにつながる場合もあります。

このような課題を前にすれば、経営陣としても「今は問題なく動いているから……」

「他にリソースを割くべき分野があるから……」といった発想になりがちで、結果としてなかなかレガシーマイグレーションに踏み切れないわけです。

意を決して新システムへのデータ移行に着手し、幸いにもうまくいったとしても、それで終わりではありません。

刷新したシステムにおいて、移行したデータを有効に使えるような環境を作らねば、まさに宝の持ち腐れです。

データを効率的に活用できるよう統合し、データの収集、蓄積、加工、分析といった作業を一貫して行う「データ分析基盤」の構築は、レガシーマイグレーションにおいて必須条件といっていいでしょう。

データ分析基盤を構成する要素は、「収集・蓄積」、「加工」、「分析」の３つに分けられます。基盤の構造としては、データレイク、データウェアハウス、データマートという3層構造となっています。

要素① 収集・蓄積

いわば素材集めの段階であり、たとえば工場の機器に設置されているＩｏＴセンサーから稼働状況を取得する、物流関係業者の施設に設置したセンサーからデータを取得するなど、さまざまな情報源からデータを収集・蓄積します。収集してきたデータはデータレイクに蓄積していきます。この段階のデータは、まだ加工などを施されていない生の状態です。

要素② 加工

第2段階として、データレイクに蓄積された生データを分析しやすいように加工し、データウェアハウスに保管します。そしてこのデータを、売上分析や顧客行動の分析といった具体的な目的や用途に沿って抽出・保管する場がデータマートです。

要素③ 分析

データマートに保管された加工データはすでに目的に沿って細分化されていますが、意思決定する材料としてさらに使いやすくするため、チャートやグラフといった形で可視化するなど、わかりやすくしたうえで分析します。

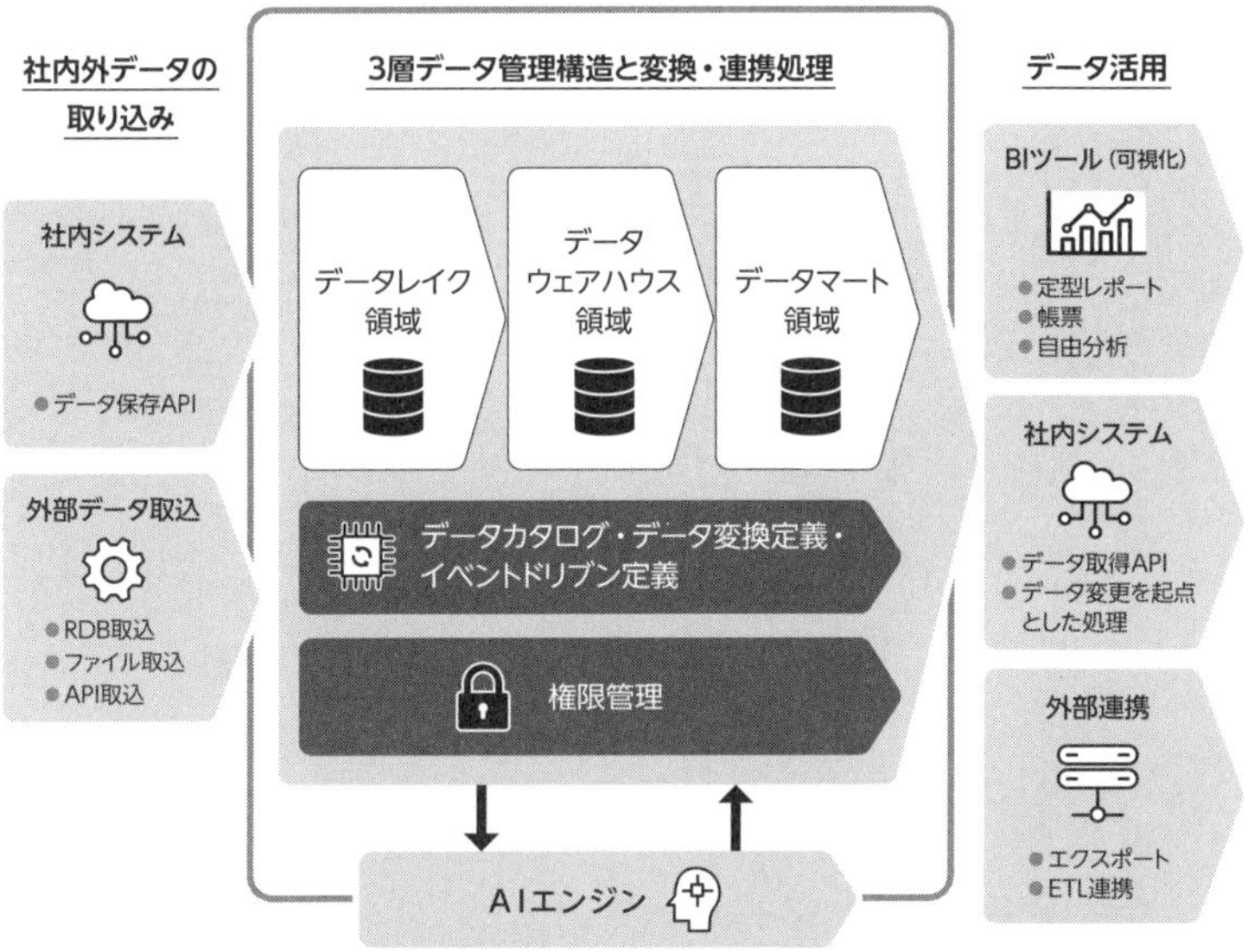

	各領域の役割
データレイク	●複数のデータソースからさまざまな形式のデータを加工せずにそのまま保管する領域。 ●利用する目的が定まらない状態のものもここに保管される。
データウェアハウス（DWH）	●信頼できるデータソースとしての役割を果たすもの。 ●余分な情報は削除され、データは目的をもって分類されている。 ●時系列に沿って格納されている。 ●通常過去データは消さず、データ容量は大きくなる。
データマート	●データを目的をもって見るために整理し、再計算処理などを極力抑えた形でユーザに提供できる形で格納される。 ●更新や削除も行われる場合がある。通常、格納されるデータサイズは小さく、RDBがその役を担う。

このようなプロセスを経ることで、移行したデータの有効活用が可能となります。

SaaSによる個別最適では、経営全体の加速は難しい

情報システム部門を「攻めの部門」へと生まれ変わらせるべく、レガシーシステムからの脱却を目指す――その必要性を理解していても、前述のようなさまざまな障壁を前にして立ち止まっている企業はいくつもあると思います。

そうした企業がいかにして現在のビジネススピードについていくかというと、もっともよくあるケースといえるのが、SaaS（Software as a Service）の活用です。

インターネットを介し、サービス提供側で稼働するサービスにアクセスして利用するSaaSは、アカウントが一つあれば、基本的にあらゆる場所やデバイスから使うことができます。バージョン管理、バグの修正や更新はサービス提供事業者によって

行われ、常に最新のシステムの恩恵にあずかれます。多くはサブスクリプション型の料金体系となっており、買い切り型のシステムを導入するのと比べイニシャルコストも抑えられれます。

こうしたメリットにより、既存システムにはない機能や新たな技術を補うためにＳａａＳを導入するというのは、確かに有力な選択肢といえます。

業務レベルでとらえるなら、ＳａａＳの活用は非常に有効です。

実際に、とある企業では、「この業務にはこの機能があると便利だから」と、部門それぞれが自らの業務に合わせたＳａａＳを導入し、各個の成果につなげていました。レガシーシステムが現役稼働し、新たな機能追加が簡単にはいかない以上、ＳａａＳの活用は現場としては当然の判断かもしれません。既存システムではビジネスのスピードに追い付けなくなり、その差を埋めるためにＳａａＳが社内でどんどん導入されている……それが現況だと思います。

そうして部署それぞれが、複数のＳａａＳを使っているような状態になると、何が起きるのか。確かに部分最適は捗りますが、その一方で犠牲になっているのが、全体最適です。

ＳａａＳの数が増えすぎ、システムが乱立した状況となると、アカウントの管理が煩雑になったり、連携が的確に行えなかったり、機能の重複が発生したりする弊害も発生し、全体としての運用や保守の難易度が格段に高まります。

サービス提供事業者も機能もまったく異なるＳａａＳをいくつも利用していると、そこで得られるデータの形式も管理方法もばらばらですから、収集したデータを一つにまとめるのは至難の業です。さまざまな場所に散らばる膨大なデータについて、どこに何があるのか、正確に把握できる人はいないでしょう。

ですから当然ながら、全データから必要なものをピックアップして一枚の資料にまとめ、スピーディーに経営判断に反映することもできません。個別にＳａａＳを導入しているうちは、経営全体のスピードアップにはつながらないのです。

仮にレガシーシステムとＳａａＳを共存させながら事業を進めるとするなら、ＳａａＳ導入におけるガバナンスやルールを定めたうえで、全体最適の視点を持って管理できる人材や部署が求められます。

より本質的にいうなら、ＳａａＳで代用しているような機能をしっかりと吸収し、一つのシステムとしてすべてを実現できるような新たなシステムを構築すべきです。

そしてまた、そのシステムは常に最新に保たれ、状況に合わせて柔軟に機能の追加や修正ができ、後から拡張しやすい仕組みと柔軟性を持っていなければなりません。

そんな都合の良いシステムが、果たして存在するのか……。

結論からいうと、「クラウド型ＥＲＰ」のパッケージをうまく活用しつつ、足りない機能は自社ですばやく開発しＥＲＰと連携していけば、攻めのＩＴ活用が実現できます。そうしてＩＴの力で経営全体を加速することこそ、ＤＸの本来の目的です。

そして、自社開発の最大の武器となり、ＩＴを負債から資産へと変える切り札となるもの。

それこそがソフトウェアを小規模な単位で部品化し、組み合わせる「サステナブルソフトウェア」です。

その具体的な仕組みについて、次章から順を追って解説していきます。

コラム

LaKeel DX開発秘話②

エイ・エス・ティを退職したのには、それなりの理由があります。

1990年代中盤からインターネットビジネスが注目を集めるようになり、その潮流の中でインターネットに適した言語としてJavaが使われ始めました。

ソフトウェア分野においても、今後はJavaでの開発に注力すべきであると私は考え、社内で主張していたのですが、エイ・エス・ティの出資元であるIBMが当時はJavaでの開発に積極的ではなかったこともあり、思うように研究開発ができませんでした。

そんな際、三菱商事のOBから「インターネットにフォーカスし、Javaメインで開発する会社を作る」という話を聞き、これは行くしかないと思いました。そうして1999年に転職したのが、株式会社イーシー・ワンです。

入社時は10人弱のベンチャー企業であり、私はほぼ創業メンバーです。そこで開発部門の責任者を任されることになりました。

イーシー・ワンでは思う存分、Ｊａｖａでの開発を手掛けることができました。当時、インターネットとＪａｖａを業務アプリケーションに活用するのは一般的ではなく、おそらく私たちが日本で初めて実現したのではないかと思います。

他の経営陣も、システムエンジニアも、自分たちが作りたい製品をどんどん開発し、モチベーション高く仕事をしていました。

インターネット産業の成長と共に会社の業績も順調に伸びていき、ビジネスは順調そのもの。複数の会社の基幹システムをスクラッチ開発し、目が回る忙しさでした。

そんな日々の中で浮かび上がってきた、一つの疑問がありました。

いくつもの会社のシステムを作っていると、どのシステムにも使われるようなベーシックな機能がかなりの数、存在するのがよくわかります。当時の私の肌感では、基幹系システムのおよそ半分は、似たような仕組みでできていました。

ただし、いくら同様の機能だとしても、スクラッチ開発というオーダーならその都度、新たに作り上げねばなりません。そうして重複した開発をするのは、自社としても手間ですし、クライアントにとってもコストがかさみ、納期も長くなります。

そこで私は、大多数のシステムに共通する機能をあらかじめ用意しておき、それを転用するというアイデアを思いつきました。まずプラットフォームを作り、そこに共通機能を持たせれば……そんなイメージが浮かびました。

その後アイデアを深め、ビジネスプランを模索する中で、自らの思いつきには可能性が秘められていると感じるようになりました。

仮に共通機能を使いまわせるようになれば、たとえ現行システムが陳腐化してもすべてを一からスクラッチ開発する必要がなくなり、多くの企業でシステムに対する投資が大きく抑えられ、システム開発自体の在り方が変わるはずです。

それを形にすべく、まず私たちが着手したのが〝コンポーネントバンク構想〟でした。大手ITベンダーから開発費用を募ったうえ、共通機能を半製品化し、投資してくれたベンダーにそれを使う権利、そして他社に販売する権利を与えるというビジネスモデルを考案し、アイデアを世に出しました。2001年には、自らが本部長となってcBank（cバンク）事業本部を立ち上げ、本腰を入れて研究開発を進めました。

そうしてビジネスを実際に動かしていく中で、課題も見えてきました。

共通機能だけを集め、いわばパッケージとして売っているわけですから、当然ながら個別最適はされていません。完全にフィットさせるには、機能の一部を修正したり、改良したりする必要があり、ユーザーから追加開発のリクエストがどんどん上がってくるようになりました。

このようなニーズに細かく対応していては、共通化した意味がありません。なんとか、手間をかけずに微調整する方法はないものか。

思い悩み、たどり着いたのが、共通機能よりももう少し小さな単位、すなわちシステムの「部品」とでも呼ぶべきものを作っておき、部品を差し替えることで修正や改修をするというアイデアでした。

さっそく私たちは、cFramework（Cフレームワーク）という新たなプラットフォームを開発し、それをベースに部品化という発想を推し進めていきます。最終的にはプラットフォーム上で部品を組み合わせ、システムを作り上げるところまでできるようにしたい。そんな思いを抱いていました。

なおイーシー・ワンは創業から４年３ヵ月でJASDAQ上場を果たしますが、そのIPOの原動力になったものの一つが、コンポーネントバンク構想であったといえます。

まさに順風満帆でした。

当時の私には、この先にある大きな壁の存在など、まったく想像もできませんでした。

第3章

部品化で実現するサステナブルソフトウェア

停滞するシステム開発の切り札となるもの

サステナブルソフトウェア――。

私が20年以上、追い求めてきた、理想的なシステムの在り方です。

その全貌を述べる前に、あらためて現在の大企業のシステムが抱える課題を整理しておきたいと思います。

- 基幹システムとして未だにレガシーシステムが稼働し続けている。
- レガシーシステムを現行のビジネスになんとか適応させるべく、新たな機能の部分だけを追加で開発したり、システムの一部のみを更新したりと、つぎはぎをするように保守作業を繰り返してきた。
- 長年にわたる改修と拡張でシステムは複雑化し、既存のコードやデータ構造が変更され、全体の整合性が崩れている。

・システムの保守や運用も困難となり、新たな変更やアップグレードを施すたびに、予期しない障害やトラブルが発生するリスクが高い。
・レガシー化したシステムの運用や保守ができる人材も減りつつあり、まさに綱渡りの運用が行われている。

このような中で積み重なってきたのが「技術的負債」です。

既存の手法で構築したシステムでは、どれほど多くの時間やコストを費やし、こだわりぬいたものでも、技術的負債の蓄積から逃れることはできません。技術革新によるシステムの陳腐化は、必ず起こります。

その他にも、予算やスケジュールの制約に対処するための設計・品質への妥協の結果、徐々に技術的負債が積み重なっていきます。

こうした負債の存在が、システム開発の生産性を低下させ、新たなビジネスニーズへの対応を困難にする原因となります。

多くの企業では、既存システムが抱える技術的負債を対症療法的になんとか補うべく、システムへの投資が繰り返されます。

しかし対症療法もいつか限界を迎え、かなりのコストをかけてシステムの大規模改修に踏み切らざるを得なくなります。改修期間中、システムは価値を生み出せません。私の経験上、その周期はおおむね5〜10年間隔です。10億、20億円という予算をかけて開発したシステムであっても、5年でさらに10億円規模の大きな費用がかかる……この悪循環の中で「ＩＴ負債」が積み上がっていくのです。

新たなシステムを構築する際にも、スクラッチ開発では時間とコストがかかり、開発期間中にシステムの陳腐化が始まってしまう恐れもあります。かといって、パッケージソフトを導入しようとするなら、自社の業務に完全には適応せず、活用には大規模な業務改革が必要となるかもしれません。

スクラッチ開発か、パッケージ導入か……。

従来のシステム開発では、この二つがトレードオフの関係にあり、発注者は選択を迫られました。どちらかに絞り切れず、既存のレガシーシステムに頼り続けている企業も未だに多くあるでしょう。

そして企業のシステム開発は、基本的にＳＩｅｒや大手開発ベンダーにそのほとんどを任せ、内製化が進んできませんでした。結果として自社によるシステム開発のノウハウの蓄積や技術者の育成は行われず、ＩＴ部門が開発プロジェクトの管理・運用部門としてしか機能しないケースもよくありました。

社内外を問わず、ＩＴ人材の数自体が不足しているというのも大きな課題です。背景には少子高齢化などの構造的な問題もあり、人手不足が解消されるめどは今のところ立っていません。したがって今後は、かかる人手をいかに減らしながらシステムの開発や運用を行っていくかが、重要なポイントとなります。

大企業の多くが抱えているであろうこうした課題に対し、まさに切り札となるものこそ、サステナブルソフトウェアに他なりません。

ここまで登場したあらゆる課題は、サステナブルソフトウェアという発想によって、解決できる。

そう断言したいと思います。

技術的負債を資産へと変える、サステナブルソフトウェアの実力

サステナブルソフトウェアとは、いったい何なのか。

それは、「陳腐化せず、いつまでも使い続けられるソフトウェア」です。リプレイスをせずともシステムは常に最新に保たれ、技術的負債の蓄積は最小限で、開発スピードと柔軟性を両立し、変化の激しいビジネスニーズに迅速に対応する。そうしてIT負債を資産へと変えるのが、サステナブルソフトウェアの力です。

その最大の特徴は、マイクロサービス技術を活用して、ソフトウェアを最適な単位に〝部品化〟し、必要な部品同士を組み合わせてアプリケーションを構築するという点にあります。

部品化についてもう少し詳しく言うなら、大規模なソフトウェアを小さなコンポーネント（特定の機能やタスクを実行する独立した）単位に分割することです。

従来のソフトウェア設計は、複数の機能を一つのアプリケーションに統合して構築する「モノリシックアーキテクチャ」というフレームワークで行われてきました。すべてのコードを一体化し、ユーザーインターフェース、ビジネスロジック、データアクセスといったあらゆる機能を結合して一つのシステムに仕上げます。

ですから、たとえば一つの機能を拡張しようと考えても、それはすでに完成している長編小説の一部分に文章を足すようなもので、それによって全体のバランスや完成度が変化しがちです。

そうしたシステムの修正や新機能の追加が難しいうえ、一部の障害が全体に影響を及ぼすリスクもあります。小説で例えるなら、せっかく伏線を複雑に張り巡らせて結末へとつなげていたのに、新たな文章が伏線の一部と思わぬ齟齬を起こし、結末に矛盾が生じるようなものです。それを防ぐには、結局のところ全体を見直しながら修正をかけていく必要があり、かなりの時間と労力がかかります。

しかし、サステナブルソフトウェアという設計思想においては、ソフトウェアを小規模なコンポーネントとして開発し、それらを組み合わせてシステムを完成させます。

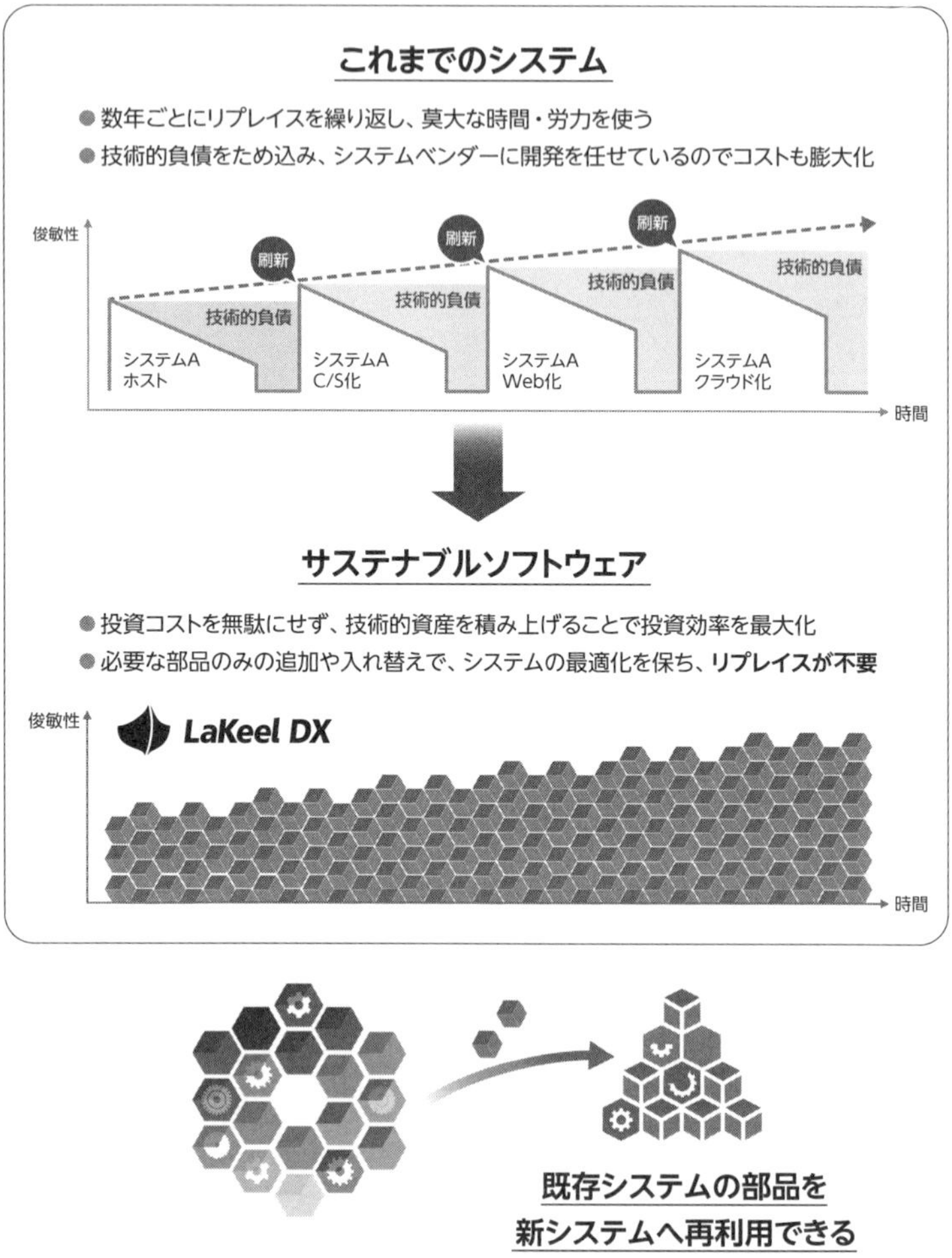
これまでのシステム
●数年ごとにリプレイスを繰り返し、莫大な時間・労力を使う
●技術的負債をため込み、システムベンダーに開発を任せているのでコストも膨大化
俊敏性
刷新
刷新
刷新
技術的負債
技術的負債
技術的負債
技術的負債
システムA
ホスト
システムA
C/S化
システムA
Web化
システムA
クラウド化
時間
サステナブルソフトウェア
●投資コストを無駄にせず、技術的資産を積み上げることで投資効率を最大化
●必要な部品のみの追加や入れ替えで、システムの最適化を保ち、リプレイスが不要
俊敏性
LaKeel DX
時間
既存システムの部品を
新システムへ再利用できる

これは、「マイクロサービスアーキテクチャ」というフレームワークであり、ユーザーインターフェース、ビジネスロジック、データアクセスといったコンポーネントは、一つ一つの独立した部品として機能しつつ、互いが連携をとってアプリケーションとなります。

独立したコンポーネントを組み合わせてソフトウェアを開発することを「Component-Based Development（コンポーネント型開発）」といいます。これはいわば同じテーマのもとに書かれた短編小説を組み合わせて一冊の本にするような手法です。

コンポーネント型開発によって作られたシステムは、部品単位での拡張や、入れ替え、追加が可能となります。その際、部品がそれぞれ独立しているため他の機能に影響することはありません。

したがってシステムの仕様変更やシステム拡張に柔軟に対応でき、不具合が起きた場合にも該当する部品のみを修正すれば良いため、メンテナンス・保守の作業が容易になります。

短編小説に例えると、そこに新たな短編（機能）を加えたり、間引いたりするのは容易で、短編の一つを修正してもその影響が全体に及ぶようなことがないのと同じです。サステナブルソフトウェアのもっとも革新的な点であり、その名の由来ともなっている特徴――それは〝ソフトウェアの各部品を再利用できること〟です。

それを可能としているのが、マイクロサービスアーキテクチャであり、構築された各部品は、ウェブ上でアプリケーションやサービスが機能やデータをやり取りするためのウェブＡＰＩを介して連携します。それぞれの部品が、異なるプログラミング言語やテクノロジー群を有していても、連携が可能です。

なお、マイクロサービスが主にシステムのバックエンドに対するアーキテクチャであるのに対し、フロントエンドを部品化する技術は、「マイクロフロントエンド」と呼ばれます。マイクロサービスは処理や手順などのロジックを部品化し、マイクロフロントエンドは画面を部品化するイメージです。

こうして構築された部品は、基本的に他のシステムでも活用できます。たとえば基幹システムで求められるベーシックな機能などは、新たなシステムや類似したシステムでも同じように必要なものです。ほとんどのウェブページのフロントエンドに配される検索バーであっても、それが部品化されていれば、いちいち開発せずにすみます。

このように今ある部品を再利用できたなら、システム開発の効率が圧倒的に高まります。

さらに各部品は個別に最新化できるため、コンポーネント型開発で作られたシステム全体としても、陳腐化することなく最新の状態を保てます。すでに使用された実績がある既存部品は、品質も保証されておりトラブルを起こす可能性も低いといえます。

このような特性がもたらすもの。

それは、多くの企業の悩みの種である技術的負債の解消です。

開発された部品は、自社の別のシステムへの転用はもちろん、それが必要な他社へ流通させることもできます。

つまり部品が蓄積されていくほど、技術的資産が増えていくのです。

システム開発のスピードという観点からいっても、複数の技術者が異なる部品を同時に開発できるため、開発プロセスが大きく効率化します。部品が溜まっていけば再利用性もどんどん向上します。

ですからスクラッチ開発と比べ、極めて短期間でシステムを構築できるようになります。しかもスクラッチ開発の最大のメリットである、自由度を損なうことなくそれが実現できるのです。いわばスクラッチ開発とパッケージ導入との「いいとこどり」といえ、トレードオフの関係で頭を悩ませる必要はありません。

こうしたメリットの一方で、課題も存在します。

マイクロサービスで構築したシステムは、個々の機能が独立しているがゆえに、システム全体の構成が複雑になる可能性があります。また、各サービスの状態や処理の流れがタイムリーに把握できる状態で管理されていないと、エラー発生時の原因解決が困難になる場合もあります。

また、ソフトウェアを部品化するための仕組みがなければいけません。それには、部品同士のつながりや互換性の管理、データの共有方法など、高度な技術が求められます。

これらのハードルを克服するには、部品化を意識した企業内全体のシステム設計や、運用をサポートする適切な仕組みを採用することが重要です。

近年、需要が高まる「aPaaS」

マイクロサービスアーキテクチャを用いた、新たなシステム――。

それを実現するには、外部ベンダーの力を借りるのも選択肢の一つにはなりますが、基本的には自社で必要なアプリケーションをどんどん開発することで、その価値を最大化できます。

ただ、自社開発となると、「専門的な知識を持った技術者が必要となり、その人材確保が難しい」という堂々巡りに陥ると思う人もいるでしょう。

そこでまず知っておきたいのが、業務で使われるシステムを開発・稼働・運用する土台として近年注目を集めている「aPaaS（Application Platform as a Service）」についてです。

なぜ今、aPaaSの需要が高まっているのか。まずは背景から説明すると、急速に普及が進むSaaSの存在があります。

手軽にサービスを導入でき、保守・運用をサービス提供会社に任せられる利点から、多くの企業で採用されているＳａａＳ。単独で使用できるだけでなく、提供されるＡＰＩを活用することでより詳細な機能やデータを利用できるようになっています。

しかし導入するＳａａＳの数が増えすぎると、システムが乱立してしまい、アカウントの管理が煩雑になったり、データ連携が的確に行えずに運用の難易度が高くなったり、機能の重複が発生するといった弊害が起きてきます。

またＳａａＳは多くの場合、カスタマイズ性が低く、導入企業独自のビジネスルールに合わせたシステムを構築できません。したがってオリジナリティの高いビジネスアイデアを柔軟にシステムに取り込むことができないのが課題でした。

このような特性を踏まえ、新たなＳａａＳを一定数導入しつつ、独自機能についてはそれを担う新たな業務システムを開発する企業も出てきました。

しかし、従来の開発方法により自社で業務アプリケーションを構築し、さらに安定運用する体制を整えるには、多くの障壁が存在します。

先ほど述べたような専門知識を持った人材の確保に加え、目まぐるしく変化するビジネス環境に対応できるほどのスピードで業務システムを開発、改良し続けていかねばなりません。従来の開発方法だと、せっかく作り上げたアプリケーションが、リリースのタイミングですでに陳腐化し、価値を失っているリスクもあります。

やはり自社での業務システム開発は、ハードルが高いのか……。

実はこうした課題を解決する新たな選択肢が、「アプリケーション開発運用基盤」であるａＰａａＳの活用なのです。

ａＰａａＳの特徴と、代表的なプロバイダー

ａＰａａＳは、システムの開発・運用を行う際に必要となるインフラ、ミドルウェアなどの環境一式を用意したプラットフォームです。

同じクラウドサービスであるＩａａＳ（Ｉｎｆｒａｓｔｒｕｃｔｕｒｅ ａｓ ａ Ｓｅｒｖｉｃｅ）やＰａａＳ（Ｐｌａｔｆｏｒｍ ａｓ ａ Ｓｅｒｖｉｃｅ）、そしてＳａａＳと比較すると、その特徴がよくわかります。

【IaaS】

仮想サーバー、ストレージ、ネットワークなどのインフラをクラウド上で提供するモデルです。物理的なハードウェアを所有する代わりに、必要なインフラをクラウドプロバイダーから借りて、ユーザーがその上にOSやソフトウェアをインストールして運用します。大規模なインフラを自社で持たずに、柔軟にリソースをスケールアップ／ダウンしたい企業や、仮想サーバーを細かく設定・管理したい技術者向けのサービスです。代表的なプロバイダーはAmazon Web Services（AWS）、Microsoft Azure、Google Cloud Platform（GCP）など。

【PaaS】

アプリケーションを開発、テスト、展開するためのプラットフォームを提供するモデルです。大規模なデータセンターに、システムを稼動するためのネットワーク、サーバシステム、OSやミドルウェアなどのプラットフォームが用意され、ユーザーはその上でシステムの開発に専念できます。ただ、ユーザーはプログラミング言語やフレームワークを用いて、コードをゼロから書く必要があります。代表的なプロバイダーは、Google App Engine、Microsoft Azure App Service、AWSなど。

【SaaS】

パッケージ製品として提供されるソフトウェアをインターネット経由で利用するサービスです。ハードウェアから業務システムまでをクラウドサービス事業者に委ねるため、専門性が低くても利用でき、保守の手間もかかりません。一方で、パッケージ製品のため、カスタマイズの自由度が著しく低く、業務に合わせた大幅なカスタマイズは困難といったデメリットがあります。代表的なプロバイダーは、Google Workspace、Microsoft 365など。

【aPaaS】

PaaSの一形態で、特にアプリケーション開発に特化したプラットフォームを提供するモデルです。開発のためのプラットフォームが用意されていると共に、視覚

PaaS や SaaS の悩みを解決する「aPaaS」

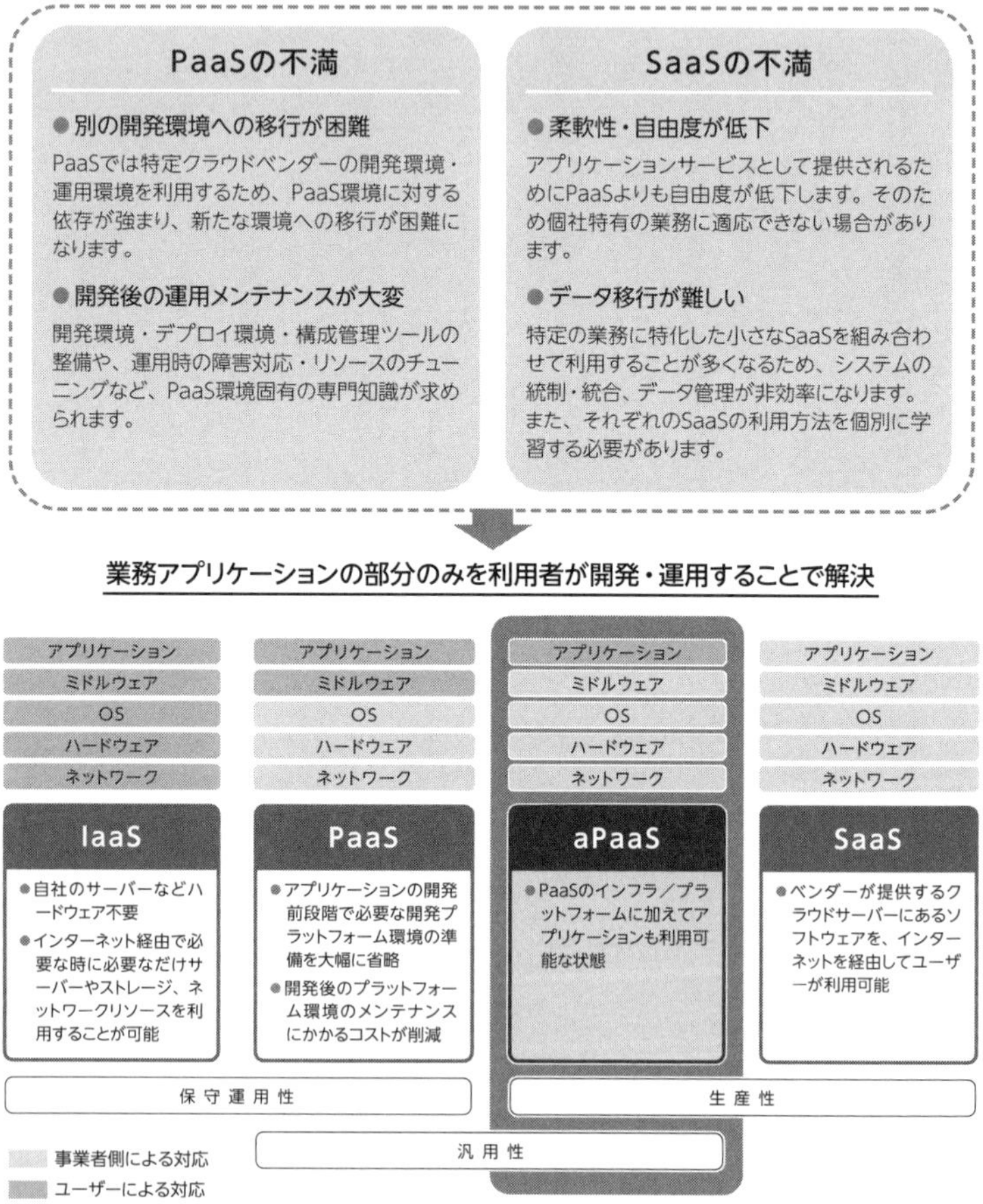
PaaSの不満
●別の開発環境への移行が困難
PaaSでは特定クラウドベンダーの開発環境・運用環境を利用するため、PaaS環境に対する依存が強まり、新たな環境への移行が困難になります。
●開発後の運用メンテナンスが大変
開発環境・デプロイ環境・構成管理ツールの整備や、運用時の障害対応・リソースのチューニングなど、PaaS環境固有の専門知識が求められます。

SaaSの不満
●柔軟性・自由度が低下
アプリケーションサービスとして提供されるためにPaaSよりも自由度が低下します。そのため個社特有の業務に適応できない場合があります。
●データ移行が難しい
特定の業務に特化した小さなSaaSを組み合わせて利用することが多くなるため、システムの統制・統合、データ管理が非効率になります。また、それぞれのSaaSの利用方法を個別に学習する必要があります。
業務アプリケーションの部分のみを利用者が開発・運用することで解決
アプリケーション
ミドルウェア
OS
ハードウェア
ネットワーク
IaaS
●自社のサーバーなどハードウェア不要
●インターネット経由で必要な時に必要なだけサーバーやストレージ、ネットワークリソースを利用することが可能
PaaS
●アプリケーションの開発前段階で必要な開発プラットフォーム環境の準備を大幅に省略
●開発後のプラットフォーム環境のメンテナンスにかかるコストが削減
aPaaS
●PaaSのインフラ/プラットフォームに加えてアプリケーションも利用可能な状態
SaaS
●ベンダーが提供するクラウドサーバーにあるソフトウェアを、インターネットを経由してユーザーが利用可能
保守運用性
生産性
汎用性
事業者側による対応
ユーザーによる対応

的な開発ツールやビジュアルインターフェースを使い、「ローコード」で簡単にアプリケーションが作れるのが最大の特徴です。代表的なプロバイダーは、Mendix、OutSystemsなど。

システム開発の在り方を変える「ローコード開発」

aPaaS活用の大きなメリットの一つであるローコード開発は、「超高速開発」とも呼ばれ、企業のシステム開発の今後を左右する重要な技術といえます。

ローコード開発とは、アプリケーションを作る際に記述すべきソースコードをできる限り減らし、マウスを使ったドラック&ドロップなどの直感的、視覚的な操作によってアプリケーションを開発していく手法です。

ローコード開発のプラットフォームは、視覚的な開発ツールの提供に加え、データベース接続、ユーザー認証、UIデザインといったアプリケーションのさまざまな機能も用意しています。ユーザーはそれらを選択して統合するだけで基本的なアプリケーションが作成できます。

ローコード開発を行えば、ユーザーはプログラムを一から作成する必要がなくなり、従来の開発に比べて圧倒的に短期間でアプリケーションを開発できます。またプログラミングの基礎知識さえあれば複雑なアプリケーションも簡単に作成できます。結果として、アプリケーションの開発コストは大きく下がります。

また、制作したアプリケーションの変更や更新についても、視覚的な操作を中心に簡単に行うことができます。ローコード開発プラットフォームには自動更新機能を備えているものが多く、運用管理の負担も軽減されます。

こうした特性によって、急速に変化する市場にも迅速に、そして柔軟に対応できるというのが、ローコード開発の最大の魅力です。

なお、もともとローコード開発という概念自体は、1982年に出版されたジェームズ・マーティン氏による書籍「Application Development Without Programmers」の中で初めて登場したもので、かなり古くから存在します。

実際にローコード開発の市場が出来上がってきたのは2011年頃からで、2014年には世界的なリサーチ・アドバイザリー会社であるフォレスター・リサーチ社によってローコード開発という言葉が使われ、さらに知名度が上がりました。現在もその市場は成長し続けています。

ローコード開発を拡張した概念として、「ノーコード開発」があります。

その名の通りソースコードの記述をまったく必要としない開発手法で、プログラミングの知識が一切なくとも、アプリケーションを開発できます。しかし一方で、プラットフォームで用意された機能やコンポーネントへの依存度合いが大きく、複雑なロジックやカスタム機能の追加が難しいため柔軟性に欠けることが多いです。

ローコード開発は、プログラミングの基礎知識があるユーザーが、アプリケーションを素早く作成しながらも独自のカスタマイズをする必要がある場合に適しています。柔軟性が求められるアプリケーションや、中規模以上のアプリケーション開発によく用いられます。ノーコード開発は、技術的な知識がないユーザーや非技術者が、迅速にプロトタイプや単純な業務アプリケーションを作成するのに適しています。特に、ＩＴ部門に依存せずに小規模なアプリケーションをすぐに導入したい場合などには有効です。

数々のメリットを持つローコード開発ですが、一方で課題もあります。

まず、開発プラットフォームで提供されているツールやコンポーネントを使用するため、自由度には限界があり、完全にオリジナルな機能や複雑なビジネスロジックの実装が時に難しいことです。

現状、ローコード開発ツールは主に標準的な機能の開発をサポートすることを目的としており、基幹システムや大量のデータ処理を必要とするシステムとの連携には対応していない場合があります。したがって企業独自の業務に合わせた機能開発にも制限がかかります。

また、開発したアプリケーションは、どうしてもそのプラットフォームに依存するため、将来的に他のシステムやツールへの移行が難しくなります。誰でも開発ができるという特性によって、社内で同じ機能やシステムをいくつも作ってしまうなどの無駄が生じ、データが散逸してしまう可能性もあります。

そして、ローコード開発で新システムを導入したとしても、ビジネス環境の変化に素早く対応するためには、一度作ったシステムを数年ごとにリプレイスする必要があります。確かに開発期間は短く、コストも抑えられますが、それでも一定のＩＴ投資がかかり続けます。

結局のところ、リプレイスを繰り返さねばならないならサステナブルとはいえません。

では、サステナブルソフトウェアをどのように実現させるのか。

その答えは、「マイクロサービス技術を導入した、次世代のローコード開発基盤を作ること」です。

「LaKeel DX」が起こす、システム開発革命

株式会社ラキールが提供するＬａＫｅｅｌ ＤＸは、システムを部品単位で組み合わせるマイクロサービス・マイクロフロントエンドの技術を採用した、まったく新しいシステム開発基盤です。私たちが20年以上にわたって取り組んできた「部品化したソフトウェアを組み合わせて業務システムを作る」というアイデアをクラウド上で実現させました。

その最大の特長は、業務システムを誰でも手軽に開発・運用できることです。私自

身、プロジェクトマネジャーとして数多くの基幹システム開発に関わってきましたが、ここまでで述べた通り、企業が業務システムを作る際に採用するスクラッチ開発では、多大な時間・人員・予算が必要です。ERPパッケージを導入すれば改善されますが、日本企業が業務をERPに合わせて変更するケースは少なく、結局カスタマイズが必要になって時間も費用もかかるという事例をたくさん見てきました。

そこで発想したのが「部品化されたソフトウェアを組み合わせる」という開発手法です。

LaKeel DXには、ソフトウェアを部品化し組み合わせる技術と部品を再利用する技術がシステムの画面開発エンジン「LaKeel Visual Mosaic」と、ビジネスロジック開発エンジン「LaKeel Synergy Logic」に組み込まれており、関連する特許も取得しています。

LaKeel DXでアプリケーション開発に利用できるソフトウェアの部品はすでに6000以上あり、常に最新の状態に管理されています。ユーザー企業は、ストックされた部品を取り出し、組み合わせることで、スピーディーに目的の業務アプリケーションを開発できます。また、システムの陳腐化・技術的負債化を防ぎ、システムを常に最新状態に保つことができるようになります。これらのソフトウェア部品は他のシステム構築にも再利用できるため、企業全体のシステム投資効率を向上させることができます。長期間にわたって最新のシステムを利用し続けることが可能となり、システムのリプレイスは不要となります。

aPaaSに属するLaKeel DXではローコードでの開発が可能で、そのツールを使って部品を組み合わせるだけで誰にでも柔軟にシステム開発が行えます。

システムを必要とする業務の担当者が直接、必要なシステムを組めるようになれば、業務の効率化や生産性の向上に大きく貢献するはずです。高度なIT知識を保有した人材を確保する必要性を下げることができるため、IT人材不足の解消にもつながります。LaKeel DXの導入により、ユーザー企業はシステムの内製化を推進できるようになります。ラキールとしても、内製化の定着のためにDXコンサルティングサービスを提供し、導入から運用まで充実のサポートを用意しています。

こうしたシステム開発の基盤に加えて、運用に必要なインフラ・ミドルウェアもプラットフォームとして提供するため、開発後の保守運用負荷も軽減します。モニタリングシステムによる運用監視により、障害の発見や復旧処理は自動化されていますから、システムの運用中のインシデント対応に係る工数も削減できます。

ＬａＫｅｅｌ ＤＸならではの極めてユニークなコンセプトとして、ユーザー企業が自社用に開発したシステムソフトウェア部品を、外販できるというものがあります。すでに流通のための仕組みもあり、自社で部品の売り先を探す必要はありません。

実際に、流通製品の第1号はすでにできあがっています。三菱商事が自社開発した「食品ロスを減らすための在庫最適化システム」です。今後、活用してくれる企業が現れるのを期待しています。

その他に、マルチクラウドに対応した運用監視基盤を備えているのもＬａＫｅｅｌ ＤＸの大きな特徴です。アマゾンのＡＷＳ、マイクロソフトのＡｚｕｒｅ、グーグルのＧＣＰなどの有名クラウドサービスはもちろん、楽天、オラクル、ＩＢＭといったクラウド上でも動作します。自画自賛になりますが、ここまで幅広く対応している開発プラットフォームはおそらく世にないと思います。もしユーザー企業が、なんらかの理由でクラウドサービスを乗り換えたいと考えた際にも、これまでＬａＫｅｅｌ ＤＸで開発したシステムごと簡単に移行することが可能です。

本書で述べてきた課題は、ＬａＫｅｅｌ ＤＸによって解決できますが、実は一つだけ棚上げになっている問題があります。

それは、レガシーシステムからの脱却を目指す際に表れる課題です。

レガシーマイグレーションを行う場合、その実行の仕方は大きく二つあります。

まず、既存システムを一括して新たなシステムへと置き換える一括移行方式です。

この方法は、新システムの運用を事前にしっかりと整理して社内で共有しておけば、業務効率化やコストカットといったメリットを即座に享受でき、事業スピードを加速できる利点があります。しかし新システムに問題があったり、導入段階では気づけない課題が発覚したりするリスクがあります。また、システム切り替え時には長時間、システムを停止することになります。

次に、既存システムから新たなシステムへと段階的に置き換えていく段階的移行方式です。

この方法を選択すると、各段階で問題が発生しても対応しやすく、場合によっては中断して再検討といった判断もできるため、リスクを低減できます。ただし、古いシステムと新しいシステムが一時的に共存することになり、運用が複雑化します。移行作業をするたびに、各システムとの連携確認を繰り返すので、作業工数が多く、コストが高くなります。

双方のデメリットを前にして、なかなか一歩を踏み出せず、レガシーシステムからの脱却が進まないという企業も多いと思います。

これらに加え、既存システムが抱える膨大なデータをどのように扱うかも、前述の通り大きな課題となっています。

そこでラキールでは、データハブを活用した段階的移行方式「ハブ・アンド・スポーク方式」を提案しています。

データハブとなるのは「LaKeel Data Insight」という製品で、企業内外に点在する大量のデータを継続的に収集・集約し、業務担当者がさまざまなデータを活用した多角的な分析を行い、ビジネスに有益に生かす活動を支援するプラットフォームです。この仕組みを、大規模データ移行に活用します。
LaKeel Data Insightを介することで、一括移行方式よりも小さな単位で切り替えが進み、数時間から1日程度のシステム停止を繰り返せばシステムが移行でき、問題が発生しても対処しやすくなります。

データハブ×段階的移行方式
「ハブ・アンド・スポーク型」

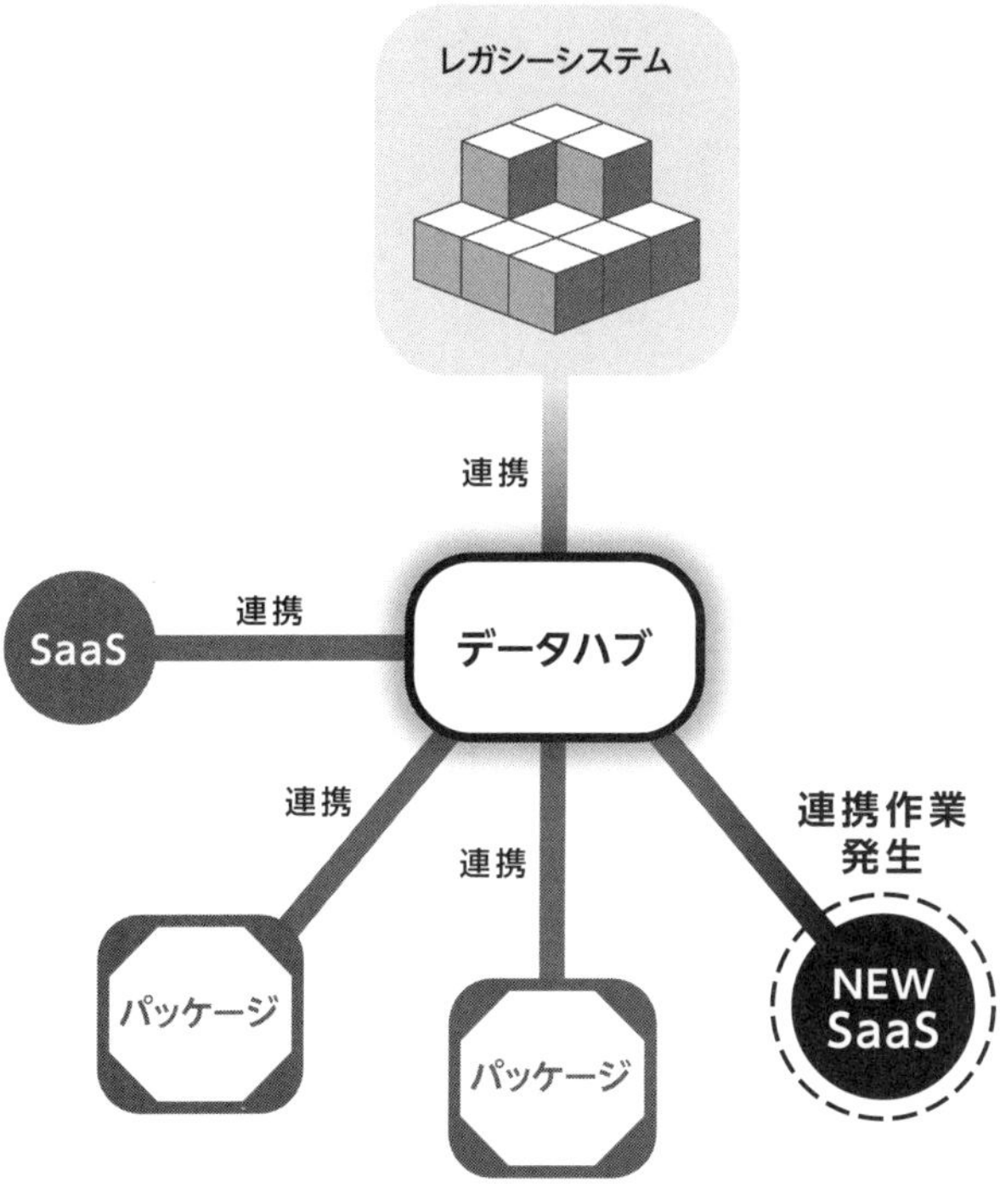

「ハブ・アンド・スポーク型」の移行は
連携作業が大幅に減る

システム開発の工数を大幅に減らす、「LaKeel DX」の実力

ラキールでは、実際にLaKeel DXを活用してこれまでいくつもの部品を作り、それを組み合わせてシステムを開発してきました。

LaKeel DXの実力をイメージしてもらえるように、ここで事例を一つ紹介したいと思います。

ラキールが提供するシステムの中に、電子帳簿保存法で義務化された帳票の電子保存を簡単に実現できる「LaKeel eDocument」があります。

電子帳簿保存法に対応するには、訂正・削除履歴の記録、タイムスタンプの付与などによる電子データの真実性の確保や、検索性の確保など、複雑なシステム要件を満たす必要があり、電子帳簿保存法対応システムの導入が不可欠です。

LaKeel eDocumentは、これまで紙で管理していた帳簿や契約書、見積

書などの証憑を電子化し、電子帳簿保存法に準拠した形でクラウドストレージへ保存します。それによってペーパーレス化が促進され、国税関係書類の保管場所の確保の問題なども解決できます。

このシステムの構築もＬａＫｅｅｌ ＤＸで行い、数多くの部品が再利用されています。結果としてシステム開発の生産性は大きく向上しました。

ＬａＫｅｅｌ ｅＤｏｃｕｍｅｎｔの設計にあたり、電子帳票管理は大きく括ればファイル管理なので、すでにあるファイル管理の機能部品「ＬａＫｅｅｌ Ｆｉｌｅｓ」をもとに、その機能を拡張する形で作ることとなりました。

なお開発にあたり、外部との取引を前提とした電子ファイルの管理が求められ、そのための安全なファイルのやり取り、メール連絡機能が必須となります。そのような機能を備えた部品はラキール内にはなかったため、新たに「ＬａＫｅｅｌ ＭｕｌｔｉＦａｃｔｏｒ Ａｕｔｈ」として機能部品をスクラッチ開発しました。

しかしそれ以外に必要となる部品はすでにすべて開発済みでストックされていました。

それらをざっと紹介すると、認証・認可基盤である「ＬａＫｅｅｌ Ｐａｓｓｐｏｒｔ」、書類の種別管理や制御を担う「ＬａＫｅｅｌ Ｐｒｏｐｅｒｔｙ」、書類の発行や認証の通知を行う「ＬａＫｅｅｌ Ｎｏｔｉｆｉｃａｔｉｏｎ」、管理書類を一括でＣＳＶ出力するための「ＬａＫｅｅｌ Ｉｎｔｅｒｆａｃｅ Ｍａｎａｇｅｒ」など、９つの部品です。それを実際に組み合わせ、ＬａＫｅｅｌ ｅＤｏｃｕｍｅｎｔというシステムを作り上げ、パッケージ製品としてリリースしました。

仮にラキールで、これらを一からスクラッチ開発するなら、トータルで最低でも21人月の工数がかかってきます。ちなみに、もし開発基盤や実行基盤がない状態からなら、さらに多くの工数が必要となります。

しかし部品の再利用により、実際にはトータル９人月で開発を完了することができました。

その内訳としては、新規で必要となったＬａＫｅｅｌ Ｍｕｌｔｉ Ｆａｃｔｏｒ Ａｕｔｈの開発に３人月、部品を組み合わせてＬａＫｅｅｌ ｅＤｏｃｕｍｅｎｔを完成させるのに６人月、かかりました。

ＬａＫｅｅｌ ＤＸを活用し、部品の再利用を行った結果、一からスクラッチ開発する時の半分以下の工数で、システムが開発できたことになります。

ここで新規開発したＬａＫｅｅｌ Ｍｕｌｔｉ Ｆａｃｔｏｒ Ａｕｔｈは、今後部品の一

LaKeel シリーズのラインナップ

つとしてストックされ、あらためて作り直す必要がなくなったというのが、もっとも大きなポイントです。

他社でLaKeel DXを導入し、新たなシステムを構築する際にも、すでにラキールで開発している部品はそのまま流用できますし、自社開発した部品も財産として残せます。この事例が示すように、エンタープライズ向けシステムで求められる基本機能の多くは共通していますから、部品さえ確保してしまえば、あとは組み上げるだけで済みます。そして部品のストックが増えるほど、新たなシステムを開発する際の工数を抑えることができ、新規開発にかかるコストはどんどん減っていきます。

さらに今後、電子帳簿保存法が改正され、あらたな要件が加わったとしても、その対応のためにシステムを一から作り直したり、大規模に改修したりする必要もありません。調整が必要な部品のみ取り出し、新たな機能を持った部品に差し替えればいいだけです。

システムの開発プラットフォームとしてLaKeel DXを導入することで、技術的負債は資産へと変わり、システムのリプレイスも不要な「サステナブルソフトウェア」が、実現できるのです。

コラム

LaKeel DX開発秘話③

システム開発のベンチャー企業、株式会社イーシー・ワンで、部品化という新たな発想を得た私は、新たな部署を立ち上げ本格的に開発研究を進めました。

しかし、用意された部品を組み合わせてシステムを作るのは、想像よりもはるかに難しかったです。

当然ながら、ただ部品を作ればいいわけではありません。

それを組み合わせて一つのシステムとして機能させるには、いくつものツールが必要になってきます。たとえば、部品を組み立てるためのツール、部品を収納・蓄積するツールなどです。

その開発からしてすでにハードルが高かったことに加え、部品同士を組み合わせる技術自体も手探りでした。ＡＰＩなどない当時は、プラットフォームを経由させインターフェース接続で部品をつなぐほかなく、それで複数の部品をつないでシステムとして完成させるには膨大な時間が必要でした。そんな手間暇をかけてシステムを作り上げるなら、これまでのシステム開発と大して変わりません。

そうして立ち現れてきたさまざまな課題を超えることは、残念ながらこの時点では不可能に思えました。

加えて私自身も、コンポーネントバンク構想につきっきりになれるような環境にはありませんでした。

当時の経営トップは、cBank事業に加え海外展開の推進にも力を入れていました。そこでインドでのオフショア開発の経験があった私に白羽の矢が立ち、中国ビジネスの立ち上げを命じられて、中国へと行くことになったのです。肩書こそアジア事業統括担当取締役でしたが、単身で中国に乗りこみ、ほぼゼロから事業を立ち上げる必要がありました。

カントリーリスクを回避すべく、ケイマン諸島経由で北京に現地法人を設立するだけで、約1年かかりました。そこから現地に入り、出資企業を集め、有名大学を回って採用活動を行いました。

本格的に事業を開始してからも、苦労の連続でした。もう無理だと思ったことも一度や二度ではありません。肝心のコンポーネントバンク構想が足踏み状態にある中で、自分はいったいなぜこんなことをしているのだろう、早く日本に帰りたい……ずっとそう思っていました。

とはいえ手を抜いていたわけではなく、むしろ心血を注いで中国事業の育成に励んだ結果、子会社は、１３０人前後の従業員を抱え、北京、上海、大連の３か所に拠点を持つところまで成長しました。

子会社の経営が軌道に乗ってきたことで、私はようやく日本でコンポーネントバンク構想に力を入れられると考え、帰国のタイミングをうかがっていました。

すると、２００３年、急遽帰国の命令が下りました。

背景にあったのは、イーシー・ワン本体の経営不振でした。上場してしばらくは順調だったのですが、次第に経営が傾いていたのです。私はすぐに帰国し、経営の立て直しに奔走しましたが、簡単にはいかず、いろいろと検討した結果、２００５年に退職を決意します。その時、社長から中国事業を買ってくれないかと相談されました。

自ら採用し、苦楽を共にしてきた子会社の社員たちを、よく知らぬ会社に売り渡されることを受け入れることが、私にはできませんでした。

そこで買収に向けて資金を調達し、中国事業を買い取るという選択をしました。

MBOにあたっては、その母体となる会社を設立する必要がありました。

それで立ち上げたのが、株式会社レジェンド・アプリケーションズであり、私を追ってイーシー・ワンを抜けた5人が、創業メンバーとなりました。

この会社こそが、現在のラキールの前身です。

第4章

部品化×AIで実現
〝超効率化〟された開発が
もたらす世界

生成ＡＩが変えるシステム開発の在り方

近年のＩＴ技術、そして世の中の変革を語るうえでは欠かせないファクターとなっている、生成ＡＩ。蓄積された膨大な学習データをもとに、テキストや画像、音声といったコンテンツを自動で生成するこの技術は、汎用性の高さからさまざまな分野で急速に普及しています。

システム開発においてもそう遠くない将来、生成ＡＩが膨大な情報を高速で処理し、顧客のニーズや要件を学習したうえで、最適なシステムを自動で開発できるようになると思われます。

現在のソフトフェア産業では、プログラマーやシステムエンジニアが開発のほとんどを担っていますから、生成ＡＩの導入が進めば極めて大きな影響を業界にもたらすでしょう。

実際にどのような変化が起きるか、システム開発の主な手法である「スクラッチ開発」と「ローコード開発」について考えてみます。

スクラッチ開発はゼロからプログラムコードを作成し、拡張性や柔軟性の高いシステムを構築できますが、開発期間が長く、コストがかさみます。

しかしもしＡＩが、簡単な指示だけでプログラムコードを自動で作成するようになれば、スクラッチ開発のデメリットは軽減されるかもしれません。それに加え、システムの設計や機能の提案、システム画面のデザイン調整など、より創造的な領域においても生成ＡＩが活用できるようになると、システム開発の現場だけではなく、要件定義や設計業務の効率も大幅に向上するはずです。

ローコード開発では、既存のコンポーネントと呼ばれる部品を組み合わせて、最小限のソースコードでソフトウェアを開発しますが、そこに生成ＡＩ技術が組み合わされることで、開発の効率はさらに向上し、より迅速でコストを抑えたシステム開発が誰でも行えるようになる可能性もあります。

先進的な企業においては、すでに生成ＡＩを取り入れたシステム開発が進んでいます。

たとえば情報通信業の企業では、生成ＡＩを活用したソフトウェア開発を推進しています。ソフトウェア開発においては、開発工程にＡＩ技術を導入する企業はありましたが、この企業では、要件定義から設計、製造、テストに至るすべての工程で生成ＡＩを取り入れています。そして、とあるシステム開発においては約3倍もの生産性向上を実現したといいます。

このように、生成ＡＩはすでにシステム開発の在り方を変えつつあります。

そんな中、ラキールが提案しているのが、生成ＡＩとコンポーネント型開発を組み合わせた、これまでにない画期的なシステム開発です。すなわち、利用者が求めるソフトウェア部品を、生成ＡＩがチャットでの指示一つでシステムに落とし込むのです。

具体的にいうなら、「社員情報を登録するフォームを作成してください」といった大まかな要望をチャットで伝えたとします。その結果、社員名や社員ＩＤ、電話番号といった必要な項目がわずか数秒で配置されます。ラベルの幅や色の調整といった細かなデザイン指示も、瞬時に生成ＡＩが調整します。利用者は自分がイメージした通りの画面を簡単に作成することができ、すぐに利用可能です。

ＬａＫｅｅｌ ＤＸはこうして「生成ＡＩ×コンポーネント型開発」によってアプリケーションを作成できるプラットフォームです。

生成AIによるシステム画面部品作成のイメージ

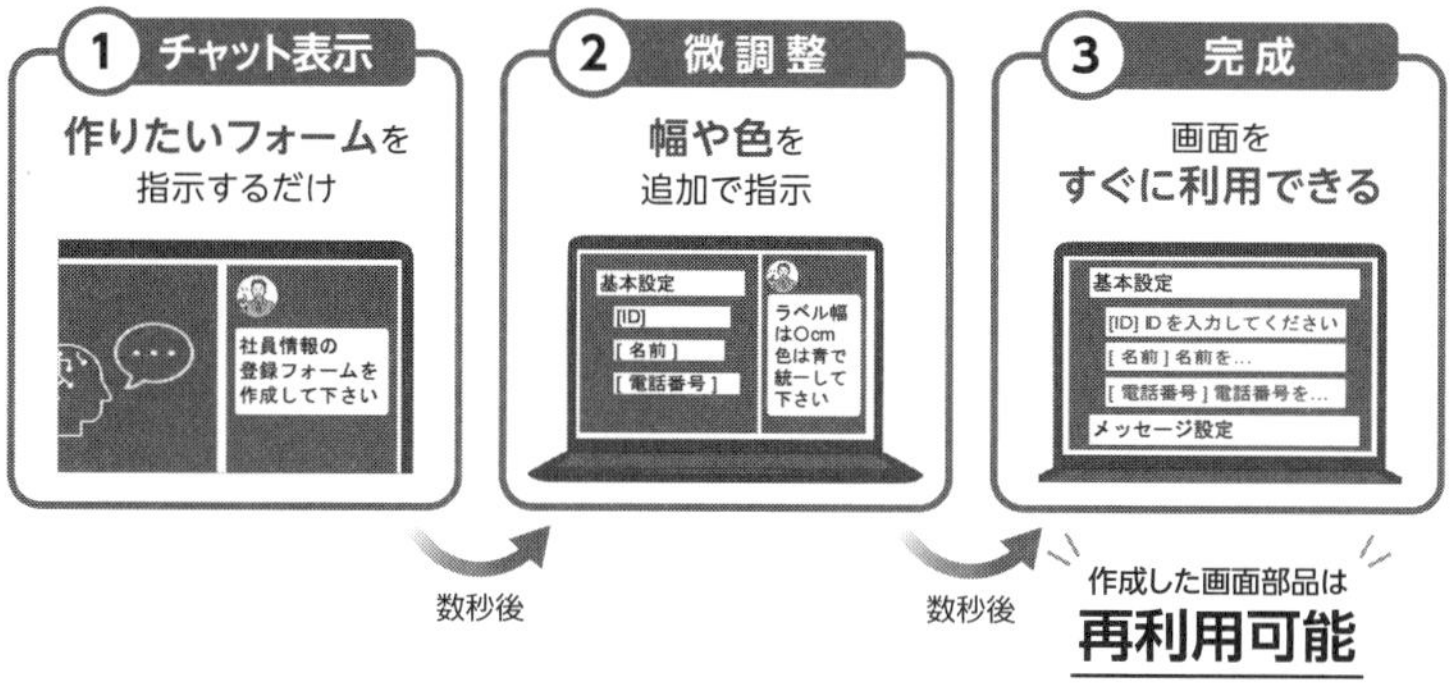

過去にはドラッグ&ドロップによって部品を組み合わせてシステム画面を構築する機能「LaKeel Component Studio」をリリースしていますが、新たに、生成AIを活用してウィジェット（システム画面部品）を構築できる新機能「LaKeel AI Navigator」を開発しました。

LaKeel AI Navigatorでは、無数の部品からAIが適切なものを選択し、ユーザーが求める画面部品をチャットの指示一つで瞬時に構築できます。その画面部品は、裏ではビジネスロジックとシームレスに連携しているため、〝誰でも〟〝瞬時に〟イメージしたシステム画面を作れるようになり、システム全体の構築を簡単に行うことができます。

さらには、部品化という概念が世の中に広まり、さまざまな業界で部品が大量に生産されるようになった時にも、どこにどんな部品があるかを生成ＡＩが把握し、最適なものを提案してくれるような活用の仕方も想定しています。最終的には、現場で業務を担うあらゆる人が簡単にシステムを作れるようになる世界を目指しており、生成ＡＩはそのための強力な支援ツールといえます。

さまざまな業界で進む、ＡＩ分析の導入

また、生成ＡＩの導入によって大きく進化する領域といえるのが、データ分析です。急速な技術進歩やグローバル化が進む現代は、社会の変化が激しく不確実性が高いＶＵＣＡの時代といわれます。また、近年はウェアラブルデバイスなどの普及により「ビッグデータ」と呼ばれる大量のデータが日々生まれています。

将来予測の難しい現代において企業が生き残るためには、ビッグデータを適切に収

集・処理し、現状判断や将来予測を行ったうえで、具体的なアクションを起こしていく必要があります。

そこで必要不可欠なのが、ＡＩ分析です。膨大なデータを生成ＡＩが高速で処理、学習、分析し、精度の高い結果を提示すると共に、データの傾向から将来予測を行うことができます。

ＡＩ分析はさまざまな分野で活用できます。

たとえば製造業では、機器から得られるデータを分析し、故障の予兆や不具合の検知に活用することで、大きなトラブルを防止できます。将来的には、ベテラン従業員の経験や勘に頼っていた業務をデータ化して平準化を進め属人化からの脱却や、合理性の高い判断による業務効率化といった効果も期待されています。

こうして業務自体の在り方を変えていくと共に、データを有効利用してビジネスに新しい価値を提供し、利益拡大を図れます。すでにＡＩ分析を事業に取り入れ、成果を上げている企業はいくつもあります。

金融業界においては、中小・零細企業向けの与信・融資審査にＡＩ分析が導入されています。具体的には、代表者や企業の情報、オープンデータなどからＡＩが企業を分析、格付けすることで潜在的な「優良層」と「リスク層」を判別し、今後の成長が期待できる企業を見出せるようになりました。

医療業界にも、ＡＩは大きなインパクトをもたらしています。特にレントゲンやエコー、ＭＲＩなどの画像から診断を行う画像診断の分野は、ＡＩの実用化がもっとも早く、すでに劇的に変わりつつあります。映像高速処理ＡＩエンジンの導入が進み、目視では確認が難しかった症例の判断や注意喚起ができるようになりました。画像診断においては、すでに専門医の能力を超えつつあります。

建築業界では、工事を行う前に現場の写真を本社に送り、梯子やカラーコーンなどが適切な位置にあるかなど、安全性のチェックを行う仕組みがあります。その数は１日数千件に上りますが、万が一チェック漏れがあれば事故が起きかねません。このチェックをＡＩが行うことで、瞬時に安全であるか自動判定できるようになり、業務効率性の向上と事故の防止につながっています。

人事分野においては、ハイパフォーマー人材の採用支援に活用されている事例があります。過去から現在に至る人事評価結果からハイパフォーマー人材の特徴を機械学習によりモデル化し、それを用いて採用前の段階から将来ハイパフォーマーとなりうる人材をある程度予測できるようになりました。逆に数年で退職するようなリスクのある人材も見つけられるといいます。

AI分析導入のプロセスと、課題

このようにさまざまな形で価値を発揮するAI分析ですが、現在のところ「どんな企業もすぐに導入できる」というものではありません。

一般的に、AI分析導入の際には次の5つのプロセスを踏む必要があります。

①目標の明確化

ビジネスゴール、分析ゴールといった目標を明確に定めます。ビジネスゴールとは、売上目標やコスト削減などの数値で、分析ゴールとはAI分析でどの程度ビジネスゴールを達成できたかです。これらを設定し、AI分析導入によりどの程度成果が得られたか可視化できるようにします。

②データの準備

ＡＩが分析に活用するデータを準備する際、機械学習に適したデータか、信頼のおけるものか、量は十分かなどを検討しなければいけません。自社だけで必要なデータが揃わなければ、外部の研究機関などが公開している統計データを活用する選択肢もあります。

③データの前処理

分析前に行うデータ処理のプロセスであり、目的変数や説明変数の加工、画像データの解像度の調整、テキストデータの誤字・脱字の修正などを行います。データの粒度を揃える、例外的なものは除外するなどの判断も必要です。

④モデル作成

ＡＩ分析に用いるアルゴリズム（プログラム実行の手順）を選定します。分析したいデータの数と相性の良いアルゴリズムを選ぶことが重要です。

⑤モデル評価

分析の精度や解釈性（分析結果を人がどの程度理解できるか）、学習処理の時間などを評価します。

AI分析は導入すればそれで終わりではなく、①の成果を伸ばしていくため、②～⑤のプロセスを繰り返し、改善を重ねていくことが重要です。

これらのプロセスの中で、もっともハードルが高いと考えられるのが②であり、分析に有用な大量のデータを集めることでしょう。関係の薄いデータをどれだけ多く集めても確度の高い分析は行えません。既存のデータで分析に適したものがない場合、まずデータ収集から始めなければならず、手間がかかってしまいます。大量のデータを蓄積できる大容量のストレージや、大規模なデータ分析が可能な高性能のコンピューターなど、環境の整備も重要です。分析するデータに個人情報が含まれる場合には、セキュリティ対策も万全にしなければならず、こうした環境構築のために多くの手間やコストがかかります。

また、一般的なAI分析には専門的なスキルや知識を持つデータサイエンティストが求められますが、その人材不足が深刻化しており、需要に供給が追い付いていません。

特にＩＴを専門としない一般企業でデータサイエンティストを確保するのは非常に難しい状況です。

こうした課題もあって、日本ではＡＩ分析の導入がそこまで進んでいないというのが現状かと思います。

そこでラキールでは、ＡＩ分析やデータ活用に役立つソリューションとして、データ統合基盤「ＬａＫｅｅｌ Ｄａｔａ Ｉｎｓｉｇｈｔ」を開発しました。

ＬａＫｅｅｌ Ｄａｔａ Ｉｎｓｉｇｈｔでは、分析に必要な大量なデータ（源泉データ）や加工データがカタログ化され、誰でも容易にデータへアクセスできる仕組みとなっています。専門知識がなくとも、アイコンのドラッグ＆ドロップなどの直感的な操作により源泉データを２次加工、３次加工でき、さらにはあらかじめ用意されたメニューにより多彩な分析が可能です。こうした機能により、誰でもスムーズにデータ活用ができるようになっています。

また、ＬａＫｅｅｌ Ｄａｔａ Ｉｎｓｉｇｈｔと共に活用できるＢＩ（ビジネスインテリジェンス）ツール、「ＬａＫｅｅｌ ＢＩ」も用意しています。

ＢＩツールの役割は、膨大なデータから必要な情報を引き出し、経営や売り上げ拡大に活用するために、分析・レポーティングすることです。誰にでも利用できることに意味があり、疑問が浮かんだ時に、パッとデータを集計し、分析結果が表示される状態が理想です。

ＬａＫｅｅｌ ＢＩには生成ＡＩが採用された「ＬａＫｅｅｌ ＢＩ Ｃｏｎｃｉｅｒｇｅ」をリリースしています。データの分類や分析と、それをわかりやすく可視化する機能に加え、傾向と対策などデータを読み解くための提案まで行います。この提案は、これまでデータサイエンティストの役割でしたが、その一部を生成ＡＩが担えるようになっているのです。

LaKeel BI Conciergeがもたらす、劇的な生産性向上

LaKeel BI Conciergeが、具体的にどのような性能を持っているのか。論より証拠ということで、実際に導入、活用している企業の事例から、その力を見ていきましょう。

東京国際空港（羽田空港）を中心に、施設管理運営、物品販売、飲食業を展開する日本空港ビルデング株式会社。同社のデジタル事業推進室では、デジタルによる業務改革や顧客体験の進化を通じて、日本の持続成長を支える、「To Be a World Best Airport」という長期ビジョンを掲げています。

LaKeel BI Conciergeの導入以前、同社では「お客様の声」をデータ化し、データベースに集約のうえ、グループ企業全体で業務活用するシステムの構築を進めていましたが、大量データを即時かつ適切に可視化し、関係者に共有するため

の環境整備が求められていました。

そこで検討の結果、「お客様の声」のデータをダッシュボードで可視化できるＢＩ機能に加え、肯定的な意見から否定的な意見まで、集まった声の傾向を関係者が即時に理解できるように要約、提示するＡＩ機能を備えている点が決め手となって、ＬａＫｅｅｌ ＢＩ Ｃｏｎｃｉｅｒｇｅを採用することになりました。

導入にあたって、開発はすべてラキールが担い、２か月ほどで業務に利用できる状態となりました。そこからさらに細部のブラッシュアップを続け、現在に至っています。

では、同社ではどのようにＬａＫｅｅｌ ＢＩ Ｃｏｎｃｉｅｒｇｅを活用しているのでしょう。

日々、大量に集まってくる「お客様の声」。ＬａＫｅｅｌ ＢＩ Ｃｏｎｃｉｅｒｇｅはそれらを即時に集計し、店舗や施設といったカテゴリーごとの声の傾向を生成ＡＩが分析、サマリとして伝えます。ユーザーはサマリで全体の傾向やポイントを理解したうえで、声の詳細を確認できるため、結果として状況を理解し行動に移すまでのスピードが格段に速くなりました。人間の能力のみで同じような仕事をしようとすると何十倍、何百倍もの時間が必要になるはずで、生産性向上に大きく貢献しているといいます。

このように、ＡＩ機能を武器の一つとして、大きな力を発揮しているＬａＫｅｅｌＢＩですが、今では同製品以外にもさまざまな製品やデバイスの中にＡＩ技術が取り入れられています。それに対し、同社の社員からの期待も高く、「ＡＩがあればなんでも解決できる」と「打ち出の小槌」のように思われている節があるそうです。デジタル事業推進室では、ＡＩでできることや得意なことと、ＡＩでできないことや不得意なことを整理し、関係者に正しく理解してもらうのをファーストステップとしていますが、打ち出の小槌状態である分、その難易度は決して低くはないようです。

今後ＡＩの導入を考える際にも、ＡＩは打ち出の小槌ではなく、適切な用途や得意分野において活用することではじめてその力をフルに発揮し、生産性向上に貢献するということを、常に意識したいところです。

まだまだ万能ではない、最新ＡＩ

システム開発の現場でも、すでに欠かせない存在となりつつある生成ＡＩですが、一方で課題もあります。

確かに生成ＡＩは、簡単な指示からコードを自動的に書いてくれますが、なぜそのコードを採用したか、どんな理由があってその場所に配置しているかという判断基準を人間が知ることは叶いません。それを正確に理解するには、生成ＡＩが参照しているであろう数十万、数百万ものコードを把握し、どこをどう活用したか判断する必要がありますが、当然ながら人間には不可能です。

それはつまり、生成ＡＩが書いたコードが正しいかどうか誰にもわからない、ということに他ならず、人はあくまで「システムが動いている」という結果しか把握できないのです。

単純なシステムならともかく、複雑な機能と膨大な情報が絡み合う大企業の基幹システムを開発するような場合、生成ＡＩが書いたコードに端を発する異常が起きても、原因の特定が難しくなる可能性があります。

現在、生成ＡＩを使っている人ならわかるはずですが、実際に誤りや意味不明な出力がまだまだ多くあり、作業を完全に任せるのは難しいものです。

スクラッチ開発のコード作成をどこまで生成ＡＩに任せるべきか、という議論は、システム開発の専門家の間でも議論が分かれるところだと思います。

また、生成ＡＩが作ったシステムの運用やメンテナンスを行うのは、現在のところ人間です。たとえばメンテナンスの際、なぜコードがこのように書かれているのか誰もわからない状態だと、そのコードを変えたらシステムの動作がどうなるのかも、予測できません。

仮に生成ＡＩが、自らが書いたコードに関して完璧に運用・メンテナンスを行えるようになれば話は違ってきますが、システムのすべてがＡＩで動き、誰もその中身が理解できないなら、万が一の事態にも対処できないという大きなリスクがあります。

ですから人間が手掛けるべき要素は必ず残り、それがシステムエンジニアが担当する業務となると、私は考えています。

なお、コンポーネント型開発であれば、これらのリスクを低減することができます。

生成ＡＩに一行ずつコードを書かせるよりも、すでに動作確認ができている部品を組み合わせてシステムを構築してもらうほうがはるかに効率がよく、生産性も高まりますし、トラブルが起きる可能性も低くなります。

生成ＡＩがコードを書いたとしても、それが部品単位なら、問題が起きた際にその部品だけを交換すればすぐに修正ができ、運用やメンテナンスもしやすいでしょう。

システムエンジニアが担う、新たな役割

昨今のＡＩ技術の普及に伴い、ソフトウェアを開発している会社では「システムエンジニアのような職種はリストラ対象になるのでは？」という話題がよく取り上げられています。

確かにこれまで行っていた業務の多くが、ＡＩによって代替されるようになるかもしれません。

しかし、仮にそのような状況になったとしても、前述したような例ではシステムエンジニアの働き方・仕事の内容がＡＩの活用に適応した形にシフトするだけであり、不要となることはないでしょう。

今後の働き方としては、高度な技術力と知識が必要なコンポーネントを開発する専門の開発エンジニアや、ソフトウェアを利用するユーザーの業務知識を備えてコンポーネントの組み合わせを行うコンポーネントアセンブラー、あるいはＡＩを駆使するコンポーネントコンサルタントへの転身などが想定されます。

また、人の心理に関わるような本質的な問題とその背景の理解や、クライアントとのコミュニケーションを通じた潜在的な課題の発見などは、ＡＩではできません。顧客理解やマーケット理解に関するきめ細かな対応のできるシステムエンジニアが求められるようになるでしょう。

システムの自社開発が当たり前となったら、各社にこうした能力を持った人材が必要となりますから、社会的な重要度はむしろ高まる可能性もあります。

一方でシステムエンジニアにも、前述のような新たな知識、より幅広い経験が求められるようになります。個人はもちろん、業界としてもその変化に備えて、新時代を担う人材の育成に動き出さねばなりません。

部品化によるシステム開発が一般化した未来では、あらゆる企業が部品を蓄積し、それをやり取りする時代になります。もしそこで、業界全体で部品を共有し、必要に合わせて活用できるような仕組みができれば、欧米諸国のようにＩＴを軸とした勝負ができるようになるはずです。

ＤＸを会社だけの取り組みで終わらせず、業界全体、日本全体で進められるような統一のＩＴ基盤や仕組みを作る。それが今後の理想的な在り方ではないかと思います。

その実現のための支援ツールとして、ＡＩは大いに役立つはずです。

コラム

LaKeel DX開発秘話④

レジェンド・アプリケーションズを起業してから1年間は、まさに綱渡りでした。まず苦労したのが、資金調達です。できる限り短期間でそれなりの資金を集めねばならず、日々奔走しました。幸いにも当時はベンチャーキャピタルが盛んな時代で、いくつもの会社から少しずつ出資してもらい、なんとかしのげました。

受注についても、独立したてのベンチャー企業がいきなり大規模な基幹システムの開発など取れるはずもなく、厳しい状況が続きました。「これは、もう倒産か……」。そう覚悟したことも一度や二度ではありません。なんとか生き残るため、キャッシュを稼げる受託開発ばかり手掛けました。コンポーネントバンクのアイデアは決して捨ててはいませんでしたが、そこに資金を投じる余裕などまったくなく、事業はほぼ凍結状態でした。

そんな中、一つのチャンスが訪れます。

若者向けの日本最大級のファッションショーで、モデルが着用する服と同じ製品を携帯電話からその場で注文できるシステムを開発したことをきっかけに、携帯電話を使ったＥＣの先駆者として認知されたのです。

それから同様の仕事が次第に入ってくるようになり、新たな開発依頼も増えていき、ようやく一息つけました。

ただしそれはつかの間の平穏で、すぐにまた荒波がやってきます。

２００８年の「リーマンショック」による打撃で、システム開発市場も停滞し、仕事が激減したのです。

ようやく成長段階に入ったと思った矢先の、世界恐慌……いつ終わるかわからぬ不景気を前に、どうやってこの状況を打破するか模索していました。

そんな時に声をかけてくれたのが、株式会社ワークスアプリケーションズの創業者でした。

当時のワークスアプリケーションズの主業はＥＲＰパッケージの提供で、ライセンスの販売と保守費を収益の柱としていましたが、一方でシステムの提案、開発、導入、保守運用まで一貫して手掛けるＳＩ（システムインテグレーション）の分野へと進出を図っていました。

「一緒にやらないか」

創業者からのそんな誘いを、はじめこそ断っていましたが、次第に真剣に検討するようになりました。リーマンショックの打撃は未だ大きく、新たな飛躍のタイミングを掴めずにいたのに加え、ワークスアプリケーションズには、エイ・エス・ティ時代の先輩や協力会社で一緒に仕事をした仲間たちもいて、良い会社であることはわかっていました。

結果として、2011年にレジェンド・アプリケーションズはワークスアプリケーションズの子会社と経営統合し、資本参加を受ける運びとなりました。

私は、ワークスアプリケーションズの執行役員に就任しました。そのポジションで、同社の力を借りながらレジェンド・アプリケーションズの事業拡大を図るつもりでした。

それから5年ほどは、ワークスアプリケーションズのERP製品の周辺開発に取り組みました。コンポーネントバンク構想には、ほとんど手を付けられませんでしたが、それでも会社は順調に成長し、レジェンド・アプリケーションズは従業員400人近くの規模まで大きくなっていきました。

この時期には、製品開発の進め方や人材の動かし方、会社の制度や仕組みなど、さまざまなことを学びました。ワークスアプリケーションズでは若い人材が自由に活躍できる風土があり、自分の会社もそのようにしたいと思うようになりました。

2014年ごろまでは、ワークスアプリケーションズも、レジェンド・アプリケーションズも、順調に業績を伸ばしていきました。

その時期に自社としても、ワークスアプリケーションズのERP製品の周辺で使えるビジネスチャットやデータ分析ツールなどをリリースしています。そしてそれらの自社プロダクトに冠した名が「LaKeel」です。

「La」はレジェンド・アプリケーションズ、「Keel」は船の竜骨、すなわち会社としての屋台骨を意味しています。いずれは会社を支えるシリーズへと成長してほしい、そんな願いを込めて付けました。

ところがその願いもむなしく、ほどなくしてレジェンド・アプリケーションズは再び存続の危機にさらされることになります。

第5章

LaKeel DX導入企業のイノベーション

住友生命保険相互会社

◇企業プロフィール

１９０７年の創業以来１００年以上の歴史を誇る。生命保険事業を通じて「社会公共の福祉に貢献する」をパーパスとし、人々の人生を支えてきた。超高齢化社会が到来し、医療や介護の保障、老後の生活への備えなど多様化する保険ニーズに応えると共に、２０１８年には顧客の健康増進を応援する革新的な保険〝住友生命「Ｖｉｔａｌｉｔｙ」〟を発売。顧客のウェルビーイングに貢献する「なくてはならない保険会社グループ」を目指す。

◇プロジェクト概要

労務管理や採用選考のデジタル化を目指し、２０２１年４月よりシステム開発がスタート。第１フェーズとして、営業職員の採用選考と入社手続きのデジタル化を行い、２０

22年4月からの第2フェーズでは、全職員向けの労務管理事務の各種申請・承認処理を開発。身上異動申請、通勤・経路申請、退職手続き、有期雇用契約の契約更新、給与明細や賞与・臨給明細の電子参照、休職手続きなどの機能を順次リリース。内勤職員との労務管理事務のインターフェースも一本化し、ワークフローを共通化した。

◇インタビュー

◆執行役常務
汐満　達　氏

Q　労務管理や採用選考について、新たなシステムの開発を行うことになった背景をお教えください。

汐満　新型コロナウィルスの流行が、大きな転機でした。営業面では対面が中心の保険募集が難しくなり、非対面での保険提案や申し込み手続きが求められ、ビデオ会議やチャットなどのデジタルツールを駆使した提案活動や、申し込みから書類のやり取りまでをデジタル化する必要がありました。同時期に営業面に加えて、社内業務の見直しも行っており、そのターゲットの一つが、労務管理や採用選考の効率化でした。事務の見直しや廃止などで既存の業務量の3割を削減するというKPIのもと、システム開発を進めることとなりました。

Q それまでの労務管理や採用選考には、どういった課題がありましたか。

汐満 もっとも大きな課題は、営業職員と内勤職員で雇用体系が異なり、特に保険業界特有の要件が多い営業職員周辺の電子化が遅れていたことです。保険業界では、給与所得者である内勤職員に対し、営業職員は個人事業主として契約を結ぶのが一般的です。そのため本社には、営業職員を管理する「営業人事部」と、内勤職員を管理する「人事部」の二部門が存在し、別系統で事務を行っていました。全国に約1万人いる内勤職員の事務はすでにデジタル化が進んでいた一方で、約3万人もの営業職員に関しては、主に紙帳票を使っていました。部門が分かれている本社はともかく、支社や支部では営業職員と内勤職員の両方の事務を同じ担当者が受け持っているのが通常で、デジタルと紙が混在し負担が大きくなっていました。採用選考についても、営業職員の選考過程のほとんどがアナログ。履歴書や選考試験も紙ベースで、面接に関する情報も所属長へ紙で提供され、本社との間での書類のやり取りも多く、これらにかかる工数は膨大でした。そこで営業職員の採用選考をまず電子化し、新たなシステムでデータや処理方法の共通化を図って業務を効率化することになったという経緯があります。

Q　新たなシステムに求める要件はどのようなものでしたか。

汐満　生命保険事業自体の核となっているのは、スクラッチ開発で構築した、いわゆるレガシーシステムです。それに手を加えて新たに作り直すのは手間やコスト、セキュリティなどの観点から現実的ではありませんでした。したがってフロント部分にＨＲ系のパッケージシステムを新たに導入し、既存の基幹システムとうまく連動するというのが大きな方針でした。なお、システムを利用するユーザーの世代は幅広く、ITリテラシーもさまざまです。採用選考においても、応募者にとって使い勝手がよくなければいけません。使いやすさ、わかりやすさには特にこだわらねばなりませんでした。

Q　数あるHR系システムの中で、「LaKeel HR」を採用した理由はなんでしょう。

汐満　まず、パッケージに不足する機能はアドオンとして追加が柔軟にできるということです。営業職員向けの機能は、基本的なパッケージに含まれないものがいくつもあります。それらを素早く開発、実装できると共に、他システムとのAPI連携にも幅広く対応しているという点が、一つのポイントとなりました。そうした柔軟性や拡張性を支える技術として、マイクロサービスアーキテクチャを採用しているのも魅力的でした。各システムと疎結合《そけつごう》で部品単位の機能追加や入れ替えができ、通常のパッケージ製品では対応が難しいワークフローも容易に実現できます。なお、当社はLaKeel HRのファーストユーザーとなるということで、私たちの要望がパッケージの基本機能として組み込めるかラキールさんと議論しながら進めました。結果として一部は基本機能として開発することになり、コストが抑えられました。当初から「より多くの会社に採用されるパッケージ製品にしたい」というラキールさん側の思いも理解していました。当社の要望すべてに応えていただいた結果、他社には採用されずパッケージとしての進化が止まり、いずれなくなってしまっては本末転倒です。製品が広く普及し、よりよいシステムへと成長するための基盤づくりには、最初から協力を惜しまないつもりでした。

Q　2021年4月よりシステム開発プロジェクトの第1フェーズがスタートし、翌年には第2フェーズへと進んでいきますが、プロジェクトを通じて印象深かったことは何ですか。

汐満　当時はLaKeel HR自体が開発途上にありましたから、産みの苦しみもあって最初はなかなか予定通り進みませんでした。当社では、ユーザー部門がプロジェクトを主導し、ラキールさんとも直接やり取りしてさまざまな要件を出していましたが、その量が膨れ上がっていったのもスケジュールの遅れにつながりました。当初、システム部門は基幹システムとのデータ連携を中心に携わり、必要なデータを渡すという役割だったのですが、スケジュールの遅れに伴い、一度体制を見直す必要があると感じました。そこでユーザー部門・システム部門の両面から全体俯瞰できる人材をプロジェクトマネジメントに加え、あらためて要件を整理し、その後はユーザー部門、システム部門、ラキールさんの三者でうまく情報を共有しながらプロジェクトを進める体制としました。すると3か月ほどで次第に新体制が機能するようになり、第2フェーズはさほど大きな問題が起こることなく進行できました。そのように多少のトラブルはありましたが、ラキールさんは当社の要望をいつも真摯に受け止め、「できる」と言ったことは最終的にすべて実現してくれましたから、本当にいいパートナーであると感じました。

Q　現在はプロジェクトが一通り終了し、保守運用のフェーズに入っていますが、どのような成果が上がっていますか。

汐満　これまで紙ベースだった営業職員の労務管理が、内勤社員と同じシステム環境で利用できるようになり、支社や支部の事務の負担は大きく軽減できたと思います。採用選考についてもデジタル化が完了し、応募者は自身のパソコンやスマートフォンで申請から入社手続きまで一貫して行えるようになりました。採用選考に伴う書類のやり取りは４割以上削減し、管理業務の負担が一気になくなっています。ユーザー部門に対して行ったアンケートからも、満足度の高さがうかがえています。

Q　今後のシステム開発・運用のパートナーとして、ラキールにはどのようなことを期待しますか。

汐満　ここまではいわゆるデジタル化の領域であり、この先はデジタルを活用して変革を行うフェーズに入っていきます。ＨＲ領域なら、採用時の個々人の能力や、やりたいこと、スキルアップの仕方やトレーニング方法といった情報をどんどん蓄積していき、タレントマネジメントにつなげていかねばなりません。ラキールさんにはぜひそのためのサポートをしていただきたいと考えています。また、システムのセキュリティについても、常に進化が求められるはずです。その時々で発生するシステムの脆弱性やリスクへの対応に関しても、最適な提案をいただければありがたいです。

アース製薬株式会社

◆企業プロフィール

虫ケア用品（殺虫剤）で国内トップシェアを誇るメーカー。「生命《いのち》と暮らしに寄り添い、地球との共生を実現する。」という経営理念のもと、人々の健康と生活の向上に貢献する多様な製品を開発・提供している。近年は入浴剤、オーラルケア製品など日用品事業の多角化を進め、事業のグローバル展開も加速。２０２５年には設立１００周年を迎える。

◆プロジェクト概要

２０２０年10月より、経営状況をタイムリーに可視化するため「LaKeel Data Insight」によるデータ分析基盤を構築するプロジェクトがスタート。LaKeel BIとの連携によるレポート作成機能も実装し、２０２２年８月より運用を開始した。その後、連携するアプリケーションも順次追加し、すべての開発・リリースは２０２３年４月に完了。現在は膨大な量のデータを活用したレポートによってタイムリーに業績を分析できる状態となり、８事業の経営状況の可視化を実現している。

◇インタビュイー

◆上席執行役員／経営戦略本部 本部長

郷司 功 氏

◆経営戦略本部／経営戦略部 部長

早川 毅 氏

◆経営戦略本部／経営戦略部 課長補佐

三島 理沙 氏

Q　新たにデータ分析基盤の構築を検討した背景について教えてください。どのような課題を抱えていましたか。

郷司　背景としては、川端社長が就任した2014年より多角化やグローバル化といった方針が打ち出され、それに合わせて事業の拡大を図ってきたことがあります。新事業や新たなカテゴリーの製品が増えていく中、経営管理も複雑化していきますが、およそ15年前にスクラッチ開発した当社の基幹システムでは対応が難しくなっていました。

早川　経営層向けの月次レポートは未だPDF帳票で、情報の粒度にも課題があり、たとえば売り上げは順調でも収益が伸び悩んでいるといった状態に関してその要因が帳票から読み取ることができませんでした。それを明らかにするには、必要なデータを人の手で集め、分析する必要があったのですが、その作業に時間がかかっていたことから、経営陣からの問いかけに対して迅速な回答をすることに苦労していたのが課題でした。

三島　事業については、もともと3事業2カテゴリーだったところから、現在は8事業7カテゴリーにまで拡大しています。既存のシステムに新たな機能を追加するのにも限界があり、システム改修をするにしてもアウトプット情報が帳票に収まりきらない状況でした。

郷司　事業拡大への対応に加え、2021年から上場企業に適用された「新収益認識基準」への対応も急務でした。これは国際的な会計基準に則り、売り上げの計上タイミングや会計処理について新たに定めたものです。当社としても、売り上げや販売促進費などの計上ルールの変更や新たな事業の収益の捕捉といった課題が生まれ、対応するにはデータそのものの管理から見直す必要がありました。こうした環境の変化にも柔軟に対応しつつ、経営戦略を立案するためにも、経営状況の「見える化」、そしてデータドリブンで素早い判断ができるような新たなシステムの導入が求められていました。

Q　どういった経緯で、ラキールのシステムを採用したのでしょう。

郷司　ラキールとのパートナーシップが始まったのは、２０１９年です。当時は働き方改革関連法案が順次施行されたタイミングでした。それに伴い、人財マネジメント部から従業員の勤務体系や勤務状況などの管理について既存システムの課題が上がっており、それを解消すべく新たなシステムの導入を検討していました。そこでご提案を受け、採用したのが「ＬａＫｅｅｌ ＢＩ」で、勤怠管理と働き方に関するテンプレートを使って課題を解決できたのです。このプロジェクトが、構想から３か月で運用開始までこぎつけるというスピード感で進んだのが、印象的でした。

早川　必要なシステムを短期間で構築できるというのは、ビジネスにおいてスピード感を重視する当社とマッチしていました。今後を考えても、多様なデジタルデータを収集・分析し、新収益認識基準に対応して収益状況をタイムリーに可視化するのは、既存システムではもう難しくなっていました。新たなデータプラットフォームの構築が必要で、それが「ＬａＫｅｅｌ Ｄａｔａ Ｉｎｓｉｇｈｔ」の導入へとつながっていきます。

郷司　大規模なシステム開発においては、いわゆるウォーターフォール型の開発手法が主流ですが、ソフトウェアを部品化して組み合わせる、そして作った部品を再利用するという設計思想が、当社の管理会計にはすごくフィットすると感じました。新たな課題を前に、ゼロベースでシステムを構築すればスピード感が損なわれます。マイクロサービスアーキテクチャなら、開発のスピードは圧倒的に速く、しかも一度作った部品が将来の資産になる、いいソリューションだと思いました。

早川　ラキールのデータ統合基盤を活用すると、高度なプログラミングスキルがなくても各システムからのデータ取込やデータ加工を行えるため、データ基盤の運用は各部門で進めていけます。現場で臨機応変な運用が可能となるというのも、重要な選定ポイントになりました。

Q　データ基盤開発プロジェクトは２０２０年10月にスタート。ＬａＫｅｅｌ Ｄａｔ

a Insightによるデータ分析基盤の構築と、LaKeel BIによるレポート作成機能の実装を行いました。その中で何か印象的だったことはありますか。

郷司 新たなデータ基盤を導入する目的は、経営層の判断や意思決定の支援だけでなく、事業を担う現場のデータ活用を促す狙いもありました。収集するデータの種類や、分析結果の見せ方などは、現場にヒアリングを重ね、現場にとって使いやすい形を考えていきました。

三島 要件定義の段階から、経営戦略部が中心となってプロジェクトを進めていきましたが、初めての経験だったのでラキールの開発チームにも負担をかけたと思います。最初の設計と、形になってきた時のイメージが違ったり、今後レポートが増える可能性のある部分をあらためて作り直したりと、修正作業もたびたび発生しました。それに対し根気強く伴走してもらえたのは、ありがたかったです。当社としても、根拠となるデータが果たして正確に出ているかの検証について、社内のデータを手作業で集め、レポート側の数字と照合する作業を行ったのですが、それがもっとも時間がかかり、苦労しました。しかしそのおかげで、データの出どころや各項目の関連性がより深く理解できました。

郷司 会社の状況を正しく見せるというのがわれわれの務めであり、数字の正確性はその基盤となるものですが、検証は本当に大変だったと思います。結果としてどの部門からも疑問が上がることなくプロジェクトが進行できたのは、開発メンバーが根気よくていねいに、レポートが示す数値の意味を社内に向けて繰り返し説明を行ってきたからだと思います。

Q 開発スタートからおよそ2年で運用フェーズに入り、2023年にはすべてのプロジェクトが完了しました。導入後には、どのような成果がありましたか。

早川 新収益認識基準への対応はもちろん、事業別の収益構造がより詳細に可視化できています。あるカテゴリーで売り上げは伸びているが収益が増えていないという状況があったとしても、その要因を深掘りし、状況改善のための的確な施策を打ちやすくなりました。データもタイムリーに収集でき、意思決定に役立っています。当初の課題はほぼ解決できたと感じています。

三島　経営戦略部としては、これまで商品ごとの収益の集計作業を人の手で半月かけて行っていたところから、データさえそろえば１日でレポートできるようになるなど、業務効率が劇的に上がりました。今まではデータといえば上層部か情報システム部が扱うものという認識でしたが、レポートを社内に開示したことによりデータへの関心が高まり、新データ基盤では自分たちでデータを活用できるため、民主化が進んでいるというのも大きな変化だと思います。

Q　今後、新システムをどう活用していきますか。

早川　データがそろい、見えるものも同じという状態になれば、その次は「将来をどう見るのか」が重要になってきます。これまで経験と勘に頼る部分が大きかった未来予測を、データからある程度導かなければなりません。例えば、LaKeel製品では、ＡＩを活用した機能があると聞いていますが、ロジックに基づいた複数の将来予測を提案したりするなど、意思決定の材料となる情報を導くことに期待を寄せています。

郷司　経営状況をわかりやすく伝えるという面においては、ダッシュボードのような機能をつかってビジュアル化する工夫をさらに考えていかねばならないでしょう。そして、システム全般でいうと、マイクロサービス技術を使ったシステムと新データ基盤を組み合わせて活用するメリットを生かして、分析結果をトリガーに次のアクションと連携させるなど、今後も臨機応変に機能の拡張や実装を行っていくと共に、データの現場活用を促進していきたいと思います。データドリブン経営の心強いパートナーとして、ラキールのサポートにも大いに期待しています。

日本住宅ローン株式会社

◇企業プロフィール

積水ハウス、大和ハウス工業、住友林業、セキスイハイムの４大ハウスメーカーと三菱HCキャピタルの共同出資により２００３年に誕生した住宅ローン専門金融機関。人生最大の買い物であるマイホームを安心して購入できるようなサポートを目指す。住宅金融支援機構と提携する「フラット35」をはじめ、変動金利型ローン、リバースモーゲージ、リフォームローン、住宅ローンの借換など幅広い商品やサービスを提供する。

◇プロジェクト概要

２０２３年より、既存システムをモダナイゼーションするプロジェクトがスタートし、その過程でLaKeel Data InsightとLaKeel DXを採用した。２０２４

年2月よりLaKeel Data Insightを活用したデータハブ構築プロジェクトに着手すると共に、LaKeel DXで構築した新たな金融サービスも開発し、2025年春にリリース予定。今後も既存システムを順次クラウドへ移行し、最終的に完全クラウド化を目指す。

◇インタビュイー

◆執行役
加藤 教幸 氏

◆業務役員
榎本 令 氏

◆システム開発部 次長
中井 眞士 氏

Q　新たなシステムの開発に向けて舵を切った背景を教えてください。

加藤　当社にとってITはビジネスを支える重要な基盤であり、設立時よりIT技術を活用してきました。たとえば日本で初めて住宅ローン契約の電子署名対応を開発・実現するなど、最新のテクノロジーを常に積極的に活用し、「金融機関がITを活用しているのではなく、IT会社が金融サービスを提供している」という気概を持って事業を展開しています。お客様に安心してマイホームをご購入いただくには、社会・経済環境の変化に素早く対応し、その時々のお客様のニーズにマッチした選択肢を用意することが大切です。お客様が求める商品やサービスをスピーディーに提供するために、最新技術やデータを活用したDXは不可欠な取り組みといえ、経営トップの強いリーダーシップのもとでDXを推進してきました。既存システムの刷新や新システムの構築も、その一環です。

Q　2022年より既存システムのクラウド化をスタートしていますが、その際の課題はなんでしたか。

加藤　オンプレミスで構築、運用していた従来のシステムは、運用の負荷やメンテナンスコストが増大し、新たなテクノロジーを柔軟に採用するのも難しくなっていました。そこでクラウド化の検討が始まるわけですが、重大な課題となったのがデータの取り扱いです。データの移行にあたり、既存システムとクラウド上とで二重に同じデータが管理されていたり、別名で同データを保持していたりするケースがあり、データの照合作業を手作業で行っていました。それでは効率が悪く、漏れやミスのリスクもついて回る……そこでデータ環境についてもゼロから見直すことになりました。結果として採用したのがＬａＫｅｅｌ　Ｄａｔａ　Ｉｎｓｉｇｈｔであり、データハブの構築でした。

Ｑ　新たな金融サービスを担うシステムについて、求める要件はどのようなものでしたか。

加藤　お客様のニーズに合わせ素早く柔軟に商品やサービスを開発するのがもっとも

大きな要件の一つです。その実現には、規格さえそろえればそれぞれが独立して機能する疎結合なシステムが適しているだろうと考えました。システム開発はこれまでほぼスクラッチで行ってきましたが、メンテナンスや最新のセキュリティ環境の維持などを考えると、汎用的な機能はある程度パッケージを活用し、専門家に任せたいところ。一方で、こだわらねばならない独自機能はやはり自社で開発するのが理想です。また、もともと当社では、全社員がテクノロジーを使いこなし、成果につなげていくという方針の下で、業務の自動化や効率化に取り組んできました。システムも、それを明確に後押しするものでなければなりません。社員がデータを使って自分たちで業務の自動化を推進できるような環境の構築も視野に入れ、帳票など流動性が高い部分については現場で作れるようにしたかったのです。

榎本　当社のすべての要件を満たすベンダーを見つけるのは、正直簡単ではありませんでした。20社以上のベンダーに対し、「こういうシステムを作りたいけれど、話を聞いてもらえませんか」と言って回ったのですが、なかなか色よい返事がもらえずに苦労しました。コンセプト自体は伝わっていたと思うのですが、「うちではこの部分しかできません」「こんな複雑なシステムは作れません」「これを全部構築する体制は組めません」というような消極的な意見が多かったです。要件をだいぶ緩めても提案段階まで数社しか残らず、頭を抱えました。

Q ラキール製品を採用した決め手は何だったのでしょう。

榎本 マイクロサービスを軸とした設計思想が、かなり大きなポイントとなりました。部品化により柔軟でスピーディーな開発ができるのに加え、部品を再利用できるという点も魅力的でした。これまでスクラッチで開発してきた中で、同じような機能を二重に開発せざるを得ないこともよくあり、システムの一部でも再利用できるなら生産性が上がるのは間違いありません。当社のコンセプトをすべて実現できるパートナーとして、最終的にラキールを選定させていただきました。

中井 新たなシステムのコンセプトとＬａＫｅｅｌ ＤＸの機能がマッチしているのに加え、ラキール自身がそれを使ってすでに自社でシステム開発を行い、ＨＲなどのサービスを展開しているところに説得力を感じました。いただいた提案も、私たちの思いや考え方を色濃く反映し、なおかつ具体的な実現方法にまで踏み込んだ内容でした。ラキールの製品を採用することで、データの管理や集約の課題を解決できると共に、自分たちの強みを生かしたサービスの開発や改善が可能となり、ＤＸを加速させられると感じました。

Q　現在、まさに新たなシステム開発の真っ最中ですが、完成したらどのように活用していきたいですか。

榎本　まずは、「サービスありき」なシステム運用です。お客様のニーズをとらえた際、「ではこの部品とこの部品を組み合わせて、こんなシステムを作ろう」と素早く手を打てるような活用の仕方を考えています。また、業務部門の社員がシステム部門に頼らずに自らデータを活用して帳票の作成や事務効率化の仕組みを構築するようになるのが理想です。たとえば、自分の欲しいタイミングでデータを簡単に手に入れられるなら、自分たちでシステムを活用しようというモチベーションは高まるでしょう。新システムがそうしたきっかけの一つになればいいと思っています。

中井　新システムの完成を機に、業務部門にもシステム構築について理解を広げていきたいです。業務部門がデータベース利用やシステム開発の素養を持つことで、システムを外注する場合にも、システム部門やベンダーと同じ目線でシステムの実現方法を考えて議論することができるようになれば、より効率的に開発が進むでしょう。

Q　ラキールに今後、期待することは何ですか。

中井　ラキールにとって住宅ローンという領域での開発はおそらく初めての経験だと思います。なかなか苦労も多いと想像しますが、それでも食らいついてくれ、当社の要望にもいつも真摯に対応してもらっていると感じます。今後、私たちのビジネスや考え方についてより理解が進んでくれればさらにコミュニケーションの質が高まり、よりよいシステム開発へとつながっていくはずですから、引き続き力を貸していただきたいです。

加藤　当社のシステムに対する考え方と、ラキールのコンセプトがぴったりとマッチしたというのは、本当にすばらしいご縁の始まりでした。当社では何事もスピード重視で、システム開発についても時に短期間で成果を求めることもあるでしょうが、そこについてきてもらい、パートナーとして理想のシステムが完成するまで伴走してほしいと思っています。

株式会社みずほフィナンシャルグループ

◇企業プロフィール

源流である第一国立銀行の発足から、150年以上の歴史を持つ総合金融グループ。2023年には企業理念の再定義を行い「フェアでオープンな立場から、時代の先を読み、お客さま、経済・社会、そして社員の〈豊かな実り〉を実現する」という基本理念を掲げ、人材をはじめとした経営基盤の強化を推進。それに伴い、グループ5社で共通する新たな人事の枠組み〈かなで〉へ移行し、社員と会社でよりよい未来の協創を目指す。

◇プロジェクト概要

最新技術の活用や社会変化への迅速な対応を目的として、SaaS型の新人事システムへの刷新を決断。2020年1月よりプロジェクトがスタートし、2023年12月にグループ各社が個別に運用していた人事マスタ管理、勤怠・各種申請、給与計算などの各種システムを一元化、新人事システムWITHの本稼働を開始。その後、２０２４年７月に〈かなで〉制度変更への対応を実施し、グループ人事制度のシステム上の一本化も実現。

◇インタビュイー

◆執行役員／人事業務部長
横張　秀哉　氏

◆人事業務部　システムチーム　次長
南　孝英　氏

◆人事業務部　システムチーム　ヴァイスプレジデント
森野　義澄　氏

Q　新たな人事システムを開発することになった背景をお教えください。

横張　近年は、企業の利益や価値の源泉となる「人材」に積極的に投資し、生産性向上やイノベーションの促進をうながす人的資本経営に注目が集まっています。当社としても、経営基盤の強化には人材が何より重要であるととらえてきましたが、従来の人事制度は経営戦略との連動にやや課題がありました。みずほフィナンシャルグループとしても、2023年に企業理念の再定義を行い、「ともに挑む。ともに実る。」という新たなパーパスを定めました。お客様と共に、社会と共に、課題解決に挑んでいく、そのためには、社員が持てる力を存分に発揮し、課題に挑んでいけるような環境づくりが必要でした。そこで当社をはじめ、みずほ銀行、みずほ信託銀行、みずほ証券、みずほリサーチ&テクノロジーズのグループ全体として人事の見直しを図り、人材の可能性を最大限に引き出す取り組みに着手することになりました。そして5社共通の新たな人事の枠組みを「かなで」と名付け、構造改革を進めてきました。新システムの開発も、その一環です。

Q　「かなで」とは、具体的にどのような人事改革なのでしょう。

横張　大きく二つのアプローチがあります。まずは、「社員ナラティブ（物語）」の実現です。社員一人ひとりが、自分らしさを起点として強みや持ち味を発揮し、心身共に活力に満ち、職場で喜びを感じられるようにサポートします。もう一つが、戦略人事の促進です。ビジネス戦略と人事の連動性を高め、事業部門とも協調しながら経営や各ビジネスをリードする人材を戦略的に育成し、ビジネス戦略に応じグループ間で機動的に配置する仕組みを構築していきます。そうしてみずほの社員と会社が、未来を「ともに創り、ともに奏でる」ための抜本的な人事改革こそが、「かなで」です。

Q　人事改革を実行するにあたって、システムにはどんな課題がありましたか。

横張　これまでみずほは、いわゆる金融グループとして銀行と証券と信託とリサーチ＆テクノロジーの機能をワンストップで提供することを強みとしてやってきましたが、実はみずほ証券とみずほリサーチ&テクノロジーズの一部において人事制度が異なっていました。人事システムも分かれていましたから、共通する人事制度の創設にあたっては、システムもまた一本化する必要がありました。

南　当時の各社のシステムはいわゆるレガシーで、約20年前にオンプレミスで構築し、以降、それぞれのシステムで新たな機能をパッチワーク的に付け足して使ってきました。制度対応などで一部を改修しようとしても、それによる影響調査の範囲が広く、かなりの労力がかかっていました。開発期間も長期化し、改修コストやメンテナンスコストも増大、データ連携も簡単ではありませんでした。人事戦略・人事制度の抜本改革とこれらシステムに関する課題解決の双方を実現するには、システムのレガシーからの脱却と新システムによる一元化が不可欠であり、グループ共通の新人事システム「WITH」の開発が計画されました。

Q　「WITH」において、独自の業務領域でLaKeel DXを採用した理由はなんですか。

南　新たな人事システムの中核機能は、パッケージおよび複数のSaaS群で構成しましたが、それだけでは対応が難しい業務もありました。特に「異動案」「賞与」「出向者管理」「契約社員管理」「不出勤・勤務管理」の5つの業務については、みずほ独自のプロセスやルールで運用され、ロジックが複雑で、しかも変更頻度が多い領域です。検討の結果、別システムを新たに構築して運用するのが最適であるという結論に至り、プロダクトを探すことになりました。そこで候補に挙がったのがLaKeel DXでした。

森野　数社、打診をさせていただいたのですが、一番の決め手となったのはマイクロサービスを軸とした設計思想です。各サービスや機能が疎結合で構成され、多様なAPIに対応し、他システムやデータとも容易に連携できます。これからも頻繁に起きる人事戦略の見直しや人事制度の改定に対して、柔軟かつスピーディーにシステムを開発できる点に優位性を感じました。また、内製化がしやすいのも魅力でした。たとえば帳票作成、賞与やリファンド計算など、変更頻度の多い業務を支えるシステムの開発や改修は、システム担当に完全に頼らず人事部内のエンドユーザーで開発するのが理想です。ＬａＫｅｅｌ ＤＸを活用すれば、エンドユーザーが主体的にシステムの構築や運用管理に関われるようになるというのも、大きな選定ポイントでした。

Q ２０２２年より開発がスタートし、約２年で本稼働となりましたが、ラキールのサポートにはどのような印象を持っていますか。

森野 パートナーとして、とても頼もしかったです。人事システムの一元化という課題にあたり、ラキールでは各業務ごとに専属担当者をアサインしてくれました。人事業務部門の社員たちは必ずしもＩＴに詳しいわけではなく、橋渡し役の存在は大きかったと思います。個々の対応としても、たとえば業務画面の検討にあたってはモックアップを作成し、その場でデモを実施するなど、きめ細やかに対応してくれました。ユーザーのニーズも汲み取り、それを次の打ち合わせまでにフィードバックするなど、スピード感もありました。

南　何か問題や課題が発生した時にも、強い当事者意識を持って向き合い、スピード感をもって解決策をしっかりと提示してくれました。多様なステークホルダーがいる中で、軸をぶらさずすべてに粘り強く対応してもらったことが、プロジェクト成功の要因の一つだと感じています。また、現場の社員たちからの評価も高く、システムリリース後のユーザーアンケートでは、ラキール担当者の対応姿勢とスピードについて満足しているという回答が多く寄せられました。

Q　現在は新たな人事制度が施行し、システムの運用も始まっていますが、今後はどのような取り組みを進めていく予定ですか。

南　グループのあらゆる人事関連情報がＷＩＴＨのデータベースに集約されたことで、データ活用が進んだと感じますし、業務も効率化できています。次のステップとしては、データドリブンで戦略的に人事を行っていくことです。たとえば、どこにどんなスキルや経験を持った人材がどれくらいいるかが可視化できるなら、ビジネス戦略に応じた人材の機動的な最適配置がよりやりやすくなります。それが社員の力を引き出すことになり、ナラティブの実現につながるはずです。タレントマネジメントにしっかり活用していきたいと思います。

Q　システム開発のパートナーとして、ラキールに期待することはありますか。

南　時代の変化は速く、システムにおいても新たな技術が次々に生まれてきます。そんな中、私たち自身が継続的にレベルアップし、システムの開発や運用を行っていくのが大切であると考えていますが、一方で専門的な領域の追求には限界がありります。ラキールにはこれからも主体的に技術面のサポートをしていただけるとありがたいです。共に同じゴールを目指すパートナーとして、期待しています。

森野　今後は、ＬａＫｅｅｌ ＤＸによる内製化も視野に進めていきたいと考えています。その一環として、ラキールにハンズオンの研修を行ってもらう予定です。参加者としては、システム担当者から業務担当者まで幅広い人材に声をかけています。

現在のシステムはあくまで発展途上であり、ユーザーからの要望に柔軟に応えて進化させていく必要があります。その指南役として、今後も末永くお付き合いいただきたいです。

横張　「かなで」は、まだ始まったばかりです。その実現のためには、システムによって人事をさらに高度化させていかねばなりません。私たち一人ひとりがＬａＫｅｅｌ ＤＸを使いこなせるようにするのはもちろん、ラキールにも、マイクロサービスの新たな可能性や有意義な活用法について、提案してほしいと考えています。これからも当社、そしてみずほグループは、さまざまな社会課題に取り組んでいきます。ラキールにはそのパートナーとなっていただき、共に高めあっていきたいと思っています。

コラム

LaKeel DX開発秘話⑤

2015年に入ってから、ワークスアプリケーションズの業績に陰りが見え始め、あれよあれよという間に経営状況が悪化していきました。

2017年には資金繰りがひっ迫し、抜き差しならぬ状況となりました。

そこで行われたのが、子会社売却の検討でした。

「レジェンド・アプリケーションズを売却する方向で進んでいる」

牧野CEOからそんな話を耳にした時、私は過去の再現を見ているようでした。

さらに「売却先が海外の投資会社に決まった」というので驚きました。

その時点で、私はすぐに行動を起こしました。

レジェンド・アプリケーションズのMBOに、再び動き出したのです。

まずは売却先の投資会社がある香港へと飛んで、投資家に会いに行きました。

「私はレジェンドの創業者だ。今回レジェンドは私がワークスアプリケーションズから買収することになったので、申し訳ないが手を引いてほしい。」

そう必死に説得して、なんとか買収話を取りやめてもらいました。

次は、資金です。投資家が示していたのと同じ条件で会社を買い戻すには、前回よりも一桁多い金額が必要でした。

当時のレジェンド・アプリケーションズはそれなりの規模のSIerでしたが、ソフトウェアの受託開発を手掛ける会社というだけでは、金融機関は興味を示しません。

そこで私が、満を持してプレゼンテーションした企画。

それこそが、ソフトウェアの部品化という事業構想でした。

幸いにも、私のプランに将来性を見出し、融資を決めてくれた金融機関がいくつかありましたが、それでも資金は足りません。不足分は経営陣による出資でなんとか賄い、計25億円を調達しました。

当時のワークスアプリケーションズの社員たちは、おそらくこのような顛末を知らなかったのだと思います。本体が苦境にあるのに、レジェンド・アプリケーションズが独立を企てているということで、社員たちからかなりの突き上げがありました。「久保が勝手なことをした」と、信頼関係にひびが入ったのは痛恨の極みでしたが、とにかく事実を説明し続けるしかありませんでした。

こうしてレジェンド・アプリケーションズは、奇しくも二度目のMBOを経て、独立する運びとなったのでした。

なお、資金調達を行ったからには、それを返し、加えて投資家たちにリターンをもたらす必要があります。

その実現のためには、上場する、あるいは成長した会社を高値で売却するなどの方法が考えられます。ですから私は、最初から上場を視野に事業を再検討しました。

上場を狙うなら、競合他社がひしめくソフトウェアの受託開発会社という分野だけではなかなか難しいと感じました。加えて、受託開発では会社の業績は安定せず、労働集約型のビジネスを続けていけば社員の疲弊を招く可能性もありました。

これまでの経験や、自らの心にくすぶる思いを省みれば、やるべきことは、たった一つしかありません。

自社製品の開発――。

MBO直後、私は社員たちを集めて、今後の方針を伝えました。

「今後は、従来のような受託開発は徐々に減らしていく。その代わり、クラウド、アプリケーション開発、自社製品をキーワードとして、クラウド時代にフォーカスしたソフトウェアの自社開発を目指す」

新たな未来の可能性が、拓けた瞬間でした。

第6章

2030年、求められるのは〝ソフトウェア部品産業〟

日本のＤＸは始まったばかり

ＤＸという言葉が市民権を得て、久しく経ちます。

言葉自体の起源を辿ると、２００４年にスウェーデンの大学教授、エリック・ストルターマン氏によって提唱され、主に学術的な領域で用いられていました。その後、ＩＴ技術が発展、普及してくると、ビジネス界でも少しずつ聞かれるようになっていきます。

日本においては、２０１８年に経済産業省が「デジタルトランスフォーメーション（ＤＸ）を推進するためのガイドライン」を取りまとめました。それを一つの契機として、ＤＸという言葉は広く知られるようになりました。その頃からＤＸの必要性を感じ、推進に舵を切った企業もあると思います。

ただし、そこから各企業でＤＸがどんどん進んでいったかというと、そう簡単にはいきませんでした。レガシー化したシステムや、膨大な量のデータ、ＩＴ人材不足……ここまで本書で述べてきたような課題が、DX推進の壁として立ちはだかり、未だにそれを超えて躍進する企業は少数にとどまっている印象です。

第1章でも述べましたが、日本ではDXという言葉が誤って用いられることがあり、「新たなシステムやIT技術の導入により、効率化や生産性の向上を行う」というのがDXであると勘違いしている人もいます。

人の手作業や紙のデータをデジタルに置き換え、それを活用するのは、DXではなく「デジタル化」です。

たとえば、本社から倉庫に出荷指示を出す際、まず倉庫側の担当者に在庫を確認してもらい、そのうえで本社の担当者が紙の出荷指示書を書いて倉庫に送り、そこからトラックを手配して……というやり取りがあったとします。

そこにITツールやデバイスを導入すると、本社でもリアルタイムで在庫が把握でき、メール一本でトラックの手配まで自動的に行えるようになりました。結果として、人が担当する業務の量が3分の1になって生産性が大きく向上しました。

このようにITツール導入の成果は、時にかなりのものですが、ここまではあくまでデジタル化の範疇です。デジタル化については、すでに数多くの企業が取り組んでいると思います。

しかしＤＸは、さらにその先にあります。

ＩＴの力で、企業のビジネスモデルや業務プロセスを根本から変革する。

それがＤＸの本質です。

先ほどの例でいうなら、ＩＴによって生産工場が顧客の注文にリアルタイムで応えられるようになり、在庫を抱える必要がなくなったとします。そうすると、これまで在庫管理にかかっていたコストと人件費がすべてなくなると共に、「短時間で商品を届ける」という新たな競争優位性が生まれます。それを軸に事業を展開していく場合、ビジネスモデルががらっと変わります。このダイナミックな変化こそが、ＤＸです。

デジタル化が業務プロセスを変えるのに対し、ＤＸは業務そのものを大きく変化させるものなのです。

ただ、本気でＤＸを推進しようとするなら、その改革の波は事業全体、組織全体に及ぶ可能性が高いです。そこまで本格的に推進に取り組んでいる企業の数は未だ少ないというのが現状でしょう。日本のＤＸは、まだ始まったばかりといえます。

誰もがデータを活用できる環境を作る

デジタル化からＤＸへと進んでいく鍵となるもの。

それは、データです。

紙や人の手作業をデジタルに置き換えると、必ず新たなデータが生まれます。それを活用する体制を整えるのが、次のステップといえます。

データの大きな役割の一つが、ビジネスの現状を可視化することです。

データとして可視化されてはじめて、どこに課題があり、どう変えていけばビジネスが成長していくかという戦略が立てられ、思いがけない発見が次の新たな事業を興すヒントともなります。

ただ、日々取り扱うデータが膨大な場合、それらが一元管理されていない状態だと、自らが求めるデータを探すだけでも苦労します。

たとえばレガシー化した基幹システムにあるデータを業務部門で活用しようと思っ

たら、一般的には業務部門からＩＴ部門に「こんなデータがほしい」と要望を出して、システムエンジニアがそのデータを探し、取り出し、加工してから渡すという流れになるでしょう。

これでは現場で事業を動かす人々が、リアルタイムでデータを使いながら素早く判断することができず、ＩＴの持つ可能性を生かせていない状態といえます。

業務の課題は、それを熟知している現場が一番よくわかっているものです。

現場の人々がデータに自由にアクセスする環境を整えるというのも、ＤＸにつながる重要な取り組みといえます。

その環境づくりと並行して進めるべきなのが、現場の意見に柔軟に対応できるシステム開発です。

ここまでで説明してきた通り、従来のスクラッチ開発では、日々刻々と移り変わるビジネス環境に対応し続けられるシステムの構築は難しく、陳腐化の壁を超えられません。

また、システムの刷新や運用を主導するはずのＩＴ部門が、既存システムの保守運用にばかり労力を取られてしまう状態だと、やはり柔軟なシステム開発は難しいでしょう。

現代においてＤＸを実現するうえでの、理想的なシステムの在り方とはどんなものか……たとえばビジネス部門が市場のニーズに対応すべく新たなシステムを作りたいと思ったら、すぐに自分たちでシステムを構築し、利用できれば業務のスピードと生産性が圧倒的に高まるはずです。システム構築はビジネス部門が主導する体制で内製化し、ＩＴ部門はそのビジネス部門を支援するというのが、理想形です。

それを現実化するためのシステム開発の手法が、ローコード・ノーコード開発とコンポーネント（部品）の組み合わせと再利用であり、そうしてできる「サステナブルソフトウェア」こそが、次世代のシステムの在り方であると私は考えています。

データ活用の基盤を整えるのと、サステナブルソフトウェアの実現という両輪がそろうことによって、企業はＤＸへと進んでいけるのです。

なおＤＸの取り組みには、まず経営者が「会社や業務をどう変えていき、どんな価値や顧客体験の創出を目指すのか」という明確な目的やビジョンを打ち出すのが大切ですが、それだけではなかなか推進できません。

経営層がある程度、ＩＴの知識を身につけたうえで、現場の課題や、社員がやりたいことに耳を傾け、ボトムアップで業務改革を行うことがＤＸを成功へと導くポイントの一つであるといえます。

コンテナ技術の普及で広がる、サステナブルソフトウェアの可能性

現在の企業は、5～10年ほどのサイクルで大規模なＩＴ投資を繰り返し、そのコストは上がる一方です。

すでに習慣化してしまったこの悪しきサイクルからなんとか抜け出さねば、日本企業は今後のグローバル競争の中で戦ってはいけないでしょう。

中にはＩＴ投資ができず、改修を重ねながらシステムを使い続けていることで、レガシー化した企業もあります。

今あるレガシーシステムは、データ以外すべてを捨て、再利用可能なサステナブルソフトウェアへと転換する――。これが20年の試行錯誤の末、私がたどり着いた結論であり、そのための製品はすでにそろえてあります。

仮に日本企業の基幹システムの半分が、部品化されたソフトウェアを使って共通化できたとするなら、単純にIT投資コストの20％は不要となります。

部品の共通化を自動車で行おうとするなら、車種や各メーカーの規格の違いなどで、かなり難航するでしょうが、ソフトウェアの世界ではそこまで難しいものではありません。

ポイントとなるのは、「コンテナ技術」です。

コンテナというと、貨物輸送に使われている箱が思い浮かぶ人もいるでしょう。多くのコンテナは、共通規格によってサイズが定められています。それにより積み荷や輸送の効率が劇的に向上しました。コンテナ輸送の登場は「20世紀最大の発明の一つ」ともいわれるほどで、物流の在り方を変えました。

システムにおけるコンテナ技術も、共通する部分が多くあります。

具体的な仕組みとしては、システム内に独立したコンテナを設け、その中にアプリケーションの実行に必要なソフトウェア、設定ファイル、データを格納します。こうして作られたコンテナは独立して機能し、他のアプリケーションと競合することがないため、一つのOS上で複数のアプリケーションを実行できます。また、コンテナは

ＯＳへの依存度が低く、異なる環境でも同じように動かすことが可能です。

過去には、コンテナ自体の設定が複雑で専門家でも手を焼いていましたが、現在はコンテナの構築・実行に必要な機能を提供するコンテナ管理ソフトウェアが登場し、専門家でなくともコンテナ技術の恩恵にあずかれるようになりました。ちなみにＬａＫｅｅｌ ＤＸでも、コンテナ管理ソフトウェアを使ってアプリケーション開発やシステム運用を行います。

マイクロサービスアーキテクチャでは、大規模なシステムを小さな独立した部品に分割して構成しますが、その独立に欠かせないのがコンテナ技術です。これらは相補的な関係にあり、組み合わせることでシステム開発や運用の効率化と柔軟性が大幅に向上します。

こうした技術的な基盤のうえで作られたシステムの部品を他の環境で流用するには、受け入れ先にもコンテナがなければいけません。

逆にいうなら、一定のコンテナ管理ソフトウェアさえあれば、他社で作った部品を自社のシステムに流用できる環境が整うのです。

その効果がいかに絶大か、コンビニエンスストア業界を例にとって考えてみます。

目指すは「LaKeel DXエコノミー」

現在のコンビニエンスストアは、ブランドはいくつかあるにせよ、ビジネスモデルとしては同じで、扱う商品にもそこまで大きな違いはありません。したがって、それを動かすシステムにも共通項がかなりあるといえます。

現状としては各社が独自にシステムやパッケージの選定を行い、それぞれ運用していると思いますが、もしそこで部品の多くが共有化できたなら、自社で開発した部品を他社に横展開できるようになります。自社の競争力の源泉となるような独自システムは別として、どのコンビニエンスストアでも必ず使うような一般機能については、共有化すれば開発コストは大幅に下がります。産業全体としてメリットが生まれるのは間違いありません。

このように、産業全体を視野に入れた〝システムの共通化〟の動きは、実はすでにあります。

私たちのクライアントである三菱商事では、「食品ロスを減らす」という理念の下で、ＬａＫｅｅｌ ＤＸ上に自社で作った食品流通のプラットフォームをグループ各社にも横展開しています。最終的には、産業全体の変革を促進する「産業ＤＸプラットフォーム」の構築を目指しているといいます。

こうして産業全体のＤＸの推進を加速していく手段として、ＬａＫｅｅｌ ＤＸの活用が最適解となると、私は考えています。

ラキールが目指すのは、「ＬａＫｅｅｌ ＤＸエコノミー」という新たな経済圏の実現です。

ＬａＫｅｅｌ ＤＸというプラットフォームが多くの企業で導入されれば、企業間で自律分散的にソフトウェア部品が流通するようになるはずです。今のところＬａＫｅｅｌ製品のユーザー企業数は３００社ほどですが、１０００社まで増えると部品の流通が加速しだすのではないかと予想しています。

そこで立ち上がってくるのが、自社でソフトウェア部品を作り、それを流通させるのが当たり前となった世界、すなわち「ソフトウェア部品産業」です。

今後、ソフトウェア部品産業が創出されるまでには、次のようなステップでＬａＫ

eel DXの利用が拡大していく必要があります。

STEP1：企業内でLaKeel DXを利用
蓄積されたソフトウェア部品を社内で活用し、企業内のソフトウェア開発の生産性が大きく向上。

STEP2：グループ企業内、同一業種内でLaKeel DXを利用
同一グループの企業間や、他社との差別化のない領域において、ソフトウェア部品が共有されるようになる。共通の業務部分は部品の再利用、差別化が必要な部分のみ開発に注力。

STEP3：あらゆる業種でLaKeel DXを利用
膨大なソフトウェア部品が世に流通し、業種・業務に関係なく活用されるようになる。新たな開発は、存在しない機能部品のみ。自社で作成した部品を登録すれば、それを使った他社からの利用料を得ることができる。

なおすべてのSTEPで求められる重要な要素となるのが、部品の可視化と検索性です。それについては、部品表（BOM）を作り、生成AIとRAG（Retrieval Augmented Generation）によってチャット形式などの自然言語で検索できるような状態にすることを想定しています。

ソフトウェア部品産業の創出により、世界はどう変わるかというと、まず部品同士がAPIやプロトコルを介しシームレスに通信を行い、情報は常にリアルタイムで共有されるようになります。クラウドインフラやコンテナ技術により、小規模なスタートアップから大規模エンタープライズまで、あらゆるシステム開発に柔軟に対応できるようになり、システムは無限ともいえる拡張性を得られます。世界中の開発者や企業が、共通のプラットフォームで連携することによりサステナブルソフトウェア文化が強化され、あらゆる企業が共に成長できる環境が生まれます。

ソフトウェア部品産業が創出されれば、それと連動して新たな職業が出てくる可能性が高いです。たとえば、コンポーネントの組み立てを専業とするアセンブラーや、新たなソフトウェア部品を仕入れ、販売、流通させるブローカーなどが自然発生する

ソフトウェア部品産業イメージ

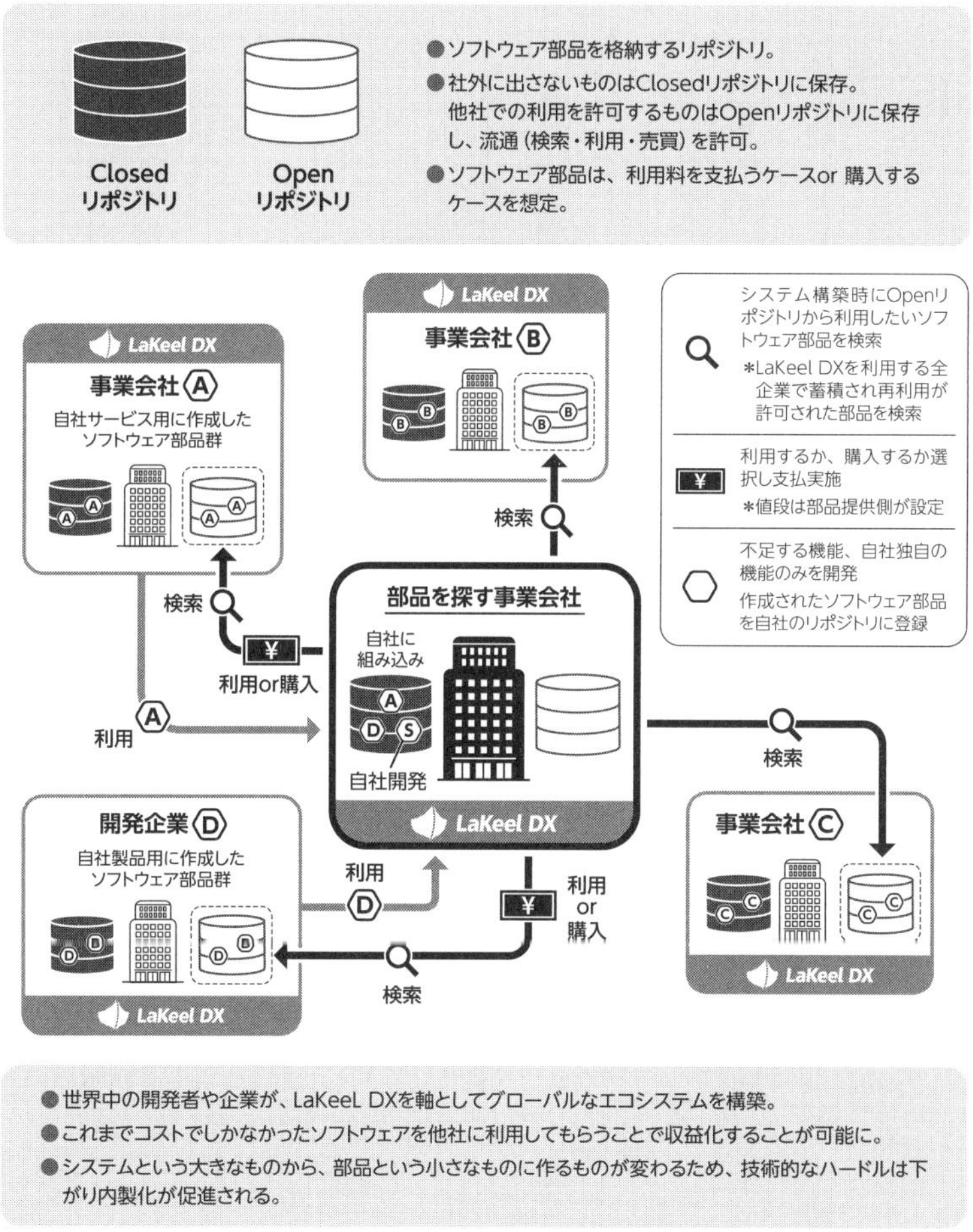

と想像されます。

そして、ソフトウェア部品産業の最大の特徴が〝持続性〟であり、サステナブルソフトウェアというエコシステムによって、ＩＴ業界は生まれ変わるはずです。

今、ＩＴ業界はトップ数社のベンダーに下請け企業が連なっていますが、ＬａＫｅｅｌ ＤＸによる新たな経済圏では自社でシステムを作るのが一般化しますから、業界の構造を大きく変える改革になるでしょう。２０３０年までには、その道筋をつけたいと考えています。

そんな新たな時代の到来によって、日本企業のシステム開発は柔軟性とスピードを獲得し、それが世界と戦う強力な武器となるはずです。

とはいえ、ただ座して未来を待つつもりはありません。

ラキールとしては、ユーザー企業に対し部品の組み合わせや再利用のノウハウといったサポートを細やかに提供しなければなりません。

技術面においても、ＡＩを活用したデータ分析機能や開発環境の強化を進め、汎用的な部品の開発も加速していきます。また、部品の開発・生成や最適な部品の組み合わせの自動化にも力を入れ、ユーザー企業による開発の〝完全ノーコード化〟も目指します。

ステークホルダーと共に、明日の日常を創り出す

ソフトウェア部品産業の創出と、ＬａＫｅｅｌ ＤＸエコノミーの実現――。

一介のシステム開発会社が目指すには、あまりに壮大であると思う人もいるでしょう。しかし、ＩＴ業界の巨人、Ｍｉｃｒｏｓｏｆｔも、もとはビル・ゲイツが大学を中退して立ち上げたベンチャー企業でした。その看板商品であるＷｉｎｄｏｗｓは、コンピューターの世界からメインフレームを一掃しつつあり、ソフトウェア産業が拡大する要因の一つともなっています。すなわち、一つの製品がきっかけで産業構造が根本的に変わったのです。

Ｍｉｃｒｏｓｏｆｔの競合であるＡｐｐｌｅもまた同様で、スティーブ・ジョブスがガレージで開発した一台のコンピューターからすべてが始まっています。今や世界中の人々が日常的にｉＰｈｏｎｅを使っていますから、まさにＩＴの歴史を変えた企業です。

ソフトウェア部品・部品産業のイメージ・世界観

キーワード	説明
モジュール性と組み合わせの自由	• ソフトウェア部品は、レゴのブロックのように独立しており、必要に応じて組み合わせて新たなシステムを構築可能。 • 各部品が独立性を持ち、さまざまなユースケースに対応。
デジタルネットワークの広がり	• 部品同士が API やプロトコルを介してシームレスに通信。 • データの流れがネットワーク全体に広がり、常にリアルタイムで情報が共有される。
無限の拡張性	• クラウドインフラやコンテナ技術によって、どんな規模のプロジェクトでも対応可能。 • 小規模なスタートアップから大規模なエンタープライズまで、柔軟に対応できるアーキテクチャ。
グローバルなエコシステム	• 世界中の開発者や企業が、共通のプラットフォームで連携。 • オープンソース文化が支え、知識やリソースを共有することで成長。
信頼性とセキュリティ	• 高品質で標準化された部品が採用され、信頼性を確保。 • セキュリティ対策が万全で、プライバシーやデータ保護も重視。
サステナビリティ（持続可能性）	• 環境負荷を減らす効率的な設計や、資源を節約するための仕組みが導入。 • クラウドや仮想化技術でエネルギー消費を最小化。
コラボレーションとアクセシビリティ	• 開発者同士が簡単に連携し、部品を共有または改良可能。 • 初心者からエキスパートまで、誰もが利用できるプラットフォーム。

このような要素をもとに、ソフトウェア部品産業は、柔軟性・拡張性・効率性を象徴し、未来の技術基盤を支える重要な役割を担います。

ラキールもまた、そうして「明日の日常を創り出す」というパーパスを掲げ、ここまで歩んできました。

クラウド技術やスマートフォンはもはや日常ですが、それと同様に企業がシステムを使う時には当たり前に、ほぼ無意識にＬａＫｅｅｌ ＤＸを使うような世界を、目指し続けています。

そのためには、まず自社が現状に満足することなく、変化を続けねばなりません。変化こそが、明日の日常を創り出すための唯一の手段です。

ただ、いくらラキールとして新たなチャレンジを積み重ねていっても、それだけで世界を大きく変えられないでしょう。

ＩＴ業界の改革には、同じ志を持った人々の協力が欠かせません。

ユーザー企業、ＳＩｅｒ、システムエンジニアまで、あらゆるステークホルダーと共に歩むことで初めて、ＬａＫｅｅｌ ＤＸエコノミーが形作られていきます。

共に明日の日常を創り出し、世界を変えましょう。

今こそがその時であると、私は信じています。

コラム

LaKeel DX開発秘話⑥

2000年代のコンポーネントバンク構想から始まった、新たな技術の探求。海外赴任や、思いがけぬ二度のMBOなどで足踏みしてしまいましたが、実は研究自体は継続していました。レジェンド・アプリケーションズを立ち上げた時も、当時から私の右腕である優秀なシステムエンジニア、川上嘉章に5~6人の専任チームを任せて研究してもらい、ワークスアプリケーションズの傘下に入った際にも、ひっそりと研究開発を続けました。

結局のところ、部品化の障害は技術面のハードルにありました。どうにかしてそれを超えられないものか、手を変え品を変え試していたのですが、大きな転機が訪れたのは、2016年でした。

その頃から、クラウドサービスが急速に普及していき、それと併せてマイクロサービスアーキテクチャという設計思想もまた広まりを見せ始めたのです。

「マイクロサービスを使って、もう一度トライさせてくれないか」

川上からそんな相談を受けた時、私は二度目のＭＢＯの渦中にありました。前述の通り、既存のビジネスモデルに限界を感じていたこともあり、私は二つ返事でＯＫしました。

そこから取り組んだのが、新たなプラットフォーム作りです。

自社の得意分野であるＥコマースでの活用を前提として、「ラキールクラウド」というプラットフォームを開発しました。

ラキールクラウドは、過去に私たちが作ったプラットフォーム「Ｃフレームワーク」とはまったく違うアプローチで構築しました。マイクロサービスアーキテクチャという設計思想に加え、もっとも大きな変化といえるのが、ＡＰＩを活用して部品間の接続を行うようにしたことです。

当時、ソフトウェアの部品化について研究しているＩＴベンダーはいくつかあったと思います。しかしいくら部品化しても、それをうまくつなぐ技術がなければ、あまり意味はありません。私たちのアプローチの肝はＡＰＩにあり、そのコントロールによって疎結合、独立性を担保するという発想は、日本はおろか世界でもまずなかったと思います。

マイクロサービス、そしてAPIによって、これまで高い壁となって行く手を遮っていた技術的ハードルを、どうにか乗り越えられる目途がついた時、私はそれに賭けようと決意しました。

これまで自分が歩んできた道は、この技術を製品化し、世に送り出すためのものだったのだ。

私はそう確信し、必ずやりとげようと、決意を新たにしました。

そんな中、自社のホームページを介して、とある通信キャリアの情報システム部門のトップから問い合わせが入りました。

「御社で推進しているマイクロサービスを使ったシステム構築について、ぜひ話を聞きたい」

そういって訪ねてきたので、ちょうど開発したばかりだったデモを見せながら説明しました。ちなみにこのデモは、UI操作を中心に画面部品を組み合わせて、ローコードで業務画面を構築する「LaKeel Visual Mosaic」という機能の前身となるものでした。

結果として、通信キャリアからは「このプラットフォームを使い、子会社のショッピングサイトを作ってほしい」という依頼がありました。

これが初めての実践です。

そして、試行錯誤しながらもなんとかやり遂げたのは、自分たちの技術が実践に耐えうると対外的に証明できたという点で、大きな収穫でした。

余談ですが、クライアントとなった通信キャリアからは、「ラキールクラウドそのものを売ってほしい」という打診がありました。当然ながら断りましたが、他社から見ても大きな価値があり、ニーズがあるのがわかったことで、私は自信を深めました。

こうして独立後、利益の大半を費やして生まれたのが、あらゆるソフトウェアを部品として開発し、それを組み合わせることでシステム構築を行うクラウド型システム開発運用基盤LaKeel DXです。

社運を賭けた製品を世に出すためのブランディング戦略として、シリーズ名と社名を統一したほうがいいということで、2019年10月には慣れ親しんだレジェンド・アプリケーションズの名を捨て、商号を株式会社ラキールに変更しました。

なお2019年にリリースした初期バージョンには機能不足や品質面の不安があっ

ため、1年程度販売を停止してブラッシュアップを行いました。そうして製品の完成度が高まったタイミングで、いよいよクラウド全盛の時代となり、クラウドアプリケーションの開発や運用に必要な機能をプラットフォーム化したLaKeel DXに注目が集まるようになっていきます。

そして2021年には、上場を果たし、経営者としての役割を果たすことができ、ひとまずほっとしました。上場で知名度が向上し、優秀な人財が入社してくれることで、今まで以上に製品サービスが強化されることが期待できます。

一介のシステムエンジニアにすぎなかった自分が、たった一つの着想をもとに、思えば遠くまで来たものです。

ただ、私が理想とするサステナブルソフトウェアを世界に広め、ソフトウェア部品産業という新たな産業を起こすという点でいえば、ようやく入り口に立ったにすぎません。

今後も、ぶれることなくまっすぐに、夢の実現へと進んでいきたいと思います。

おわりに

ＬａＫｅｅｌ ＤＸを世界に広め、システム開発の在り方を根本から変える――。一介のシステムエンジニアにすぎなかった自分が、たった一つの着想をもとに、思えば遠くまで来たものです。

本書で示してきた通り、現在多くの企業は「２０２５年の崖」にあたり、レガシーシステムによって大規模な経済損失が発生するリスクを抱えています。その対策としてシステムの刷新は確かに有力な選択肢となりますが、だからといってあらゆる企業が、基幹システムのすべてを再構築すべきかというと、私はそうは思いません。

たとえば金融機関において、口座や融資の残高管理、利息計算などの勘定処理を行う基幹システムのロジックは、時代が進んでもそこまで大きく変わらないでしょう。一方で、取り扱う商品や法律への対応などを反映すべきフロントエンドのシステムは、時代に合わせてどんどん変化させねばなりません。

ＬａＫｅｅｌ ＤＸなら、普遍性の高い領域はそのまま残しつつ、部品を組み合わせてフロントエンドを柔軟に変えていけます。

そしてユーザー同士であれば、他社が開発した部品を自社で流用することも可能で、システム開発が効率化できます。

部品の共有に関して、「それでは差別化ができなくなるのではないか」という疑問をよく耳にしますが、会社特有の機能はさておき、「同業であれば必ず必要だが平凡な機能」は数多くあると思います。私の感覚だと、システムの機能の半分以上は、そうした平凡なものです。

したがって、差別化要素とは関係なく使える部品がたくさん存在しており、それらを共有化するだけで、システム開発の工数は大きく減少します。

また、部品化が進んだ世界では、それぞれの部品に独自機能を持たせるというよりも、部品の組み合わせ方によって差別化を果たすのが主流となるはずです。

ですから部品の共有化が当たり前になっても、各企業はシステムの差別化による競争力を失うことなく進んでいけます。

なお、部品の共有や売買を前提としたソフトウェア部品産業の創出を目指すうえで、大きな壁となるのが、企業間のライバル心や縄張り争いです。

グローバル化が著しく進展する昨今、国内だけで争えばいい時代はすでに終わりつつあり、世界を相手に戦っていかねばなりません。そのためには、国内のライバル同士でも手を取り合い、一丸となって世界の壁に向かっていくほうが、突破できる可能性は高まるはずです。

その意味で、ＬａＫｅｅｌ ＤＸの普及は、国内の企業間の壁の一部を取り払い、共に世界と戦うための風土づくりに貢献できる可能性があると私は感じています。

今はユーザー数もまだまだ少なく、理想とは程遠い状態ですが、ＬａＫｅｅｌ ＤＸが真価を発揮するのはまさにこれからです。より多くの人に使ってもらい、部品が溜まっていってはじめて、ソフトウェア部品産業の創出につながっていきます。現在は大企業を中心に導入していただいていますが、いずれは中小企業にも活用してもらう必要があります。そのためには、たとえばフリーミアムなビジネスモデルを新たに作るなど、ラキールとしてもさらなるアイデアが必要であると感じます。

ＩＴ業界においても、私たちの思いが現実となり、ソフトウェア部品産業が創出されれば、業界の構造は大きく変わります。小さな開発会社でも、部品を作ればどこに対しても販売できますから、下請けである必要はなくなります。中小企業でも、プライムの部品メーカーを目指せる環境となるのです。

今日本で主流となっているクラウドサービスやＥＲＰ、コンサルティングサービスはすべて海外製です。せっかく日本企業が上げた収益の一部が、いわば海外に流出している状態といえ、デジタル赤字は拡大しています。それを変えるには、やはりメイドインジャパンのサービスを世界に広める必要があります。

もし国内でソフトウェア部品産業が生まれたなら、それが世界と戦う基盤となるはずです。ＬａＫｅｅｌ ＤＸ、そして部品の流通という新たな仕組みにより、世界のお金が日本に集まる――そんな未来を私たちは目指しています。

どこまでできるかは、正直わかりません。

しかしラキールは、今後もずっと追い続けていきます。

サステナブルソフトウェアという言葉が、当たり前に使われるようになるその日まで。

読者特典

本書をお買い上げいただいた方だけに、

『LaKeel DX がスッキリわかる！
図解ガイドブック』

をプレゼント！

多くの大手企業が活用するサステナブルソフトウェアの秘密がわかりやすく理解できます。

ここから今すぐ
ダウンロード

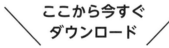

［著者略歴］
久保 努（くぼ・つとむ）
株式会社ラキール代表取締役社長
1964年生まれ。1988年、株式会社エイ・エス・ティ入社。1999年に株式会社イーシー・ワンで開発部門の責任者に就任。2005年6月にレジェンド・アプリケーションズを設立。その後株式会社ワークス・アプリケーションズの傘下に入り、取締役に就任。2017年10月、MBOにより独立。2019年に社名を株式会社ラキールに変更し、現職。2021年7月16日、東京証券取引所マザーズ（現・東京証券取引所グロース市場）に新規上場。ソフトウェアをブロックのように組み立てる「部品化」の構想が話題を呼んでいる。

サステナブルソフトウェア時代《じだい》
IT産業《さんぎょう》のニュースタンダードになるもの

2025年3月21日　初版発行

著　者　久保 努

発行者　小早川幸一郎

発　行　株式会社クロスメディア・パブリッシング
〒151-0051 東京都渋谷区千駄ヶ谷4-20-3 東栄神宮外苑ビル
https://www.cm-publishing.co.jp
◎本の内容に関するお問い合わせ先：TEL（03）5413-3140／FAX（03）5413-3141

発　売　株式会社インプレス
〒101-0051 東京都千代田区神田神保町一丁目105番地
◎乱丁本・落丁本などのお問い合わせ先：FAX（03）6837-5023
service@impress.co.jp
※古書店で購入されたものについてはお取り替えできません

印刷・製本　株式会社シナノ

 ISBN978-4-295-41085-0　C2034